Häuptling Seattle
Die Reden der großen Indianerhäuptlinge

Häuptling Seattle

Die Reden der großen Indianerhäuptlinge

Aus dem Amerikanischen
von Meike Breitkreutz

Anaconda

Sämtliche Reden dieses Bandes wurden übersetzt nach
der Ausgabe *Great Speeches by Native Americans*.
Ed. by Bob Blaisdell. Mineola 2000.
Für nähere Hinweise vgl. das Quellenverzeichnis.

Die Deutsche Nationalbibliothek verzeichnet diese
Publikation in der Deutschen Nationalbibliografie;
detaillierte bibliografische Daten sind im Internet
unter http://dnb.d-nb.de abrufbar.

© 2012 Anaconda Verlag GmbH, Köln
Alle Rechte vorbehalten.
Umschlagmotive: Shirt panel, Kuna Indian Culture
(20th century), Indianapolis Museum of Art / The Paul
and Irene Hollister Collection of Kuna Molas /
bridgemanart.com (Fond). – Tomahawk Pipe,
Blackfoot Tribe, Private Collection / Peter Newark
Western Americana / bridgemanart.com (Axt)
Umschlaggestaltung: Druckfrei. Dagmar Herrmann, Köln
Satz: paquémedia, www.paque.de
Printed in Czech Republic 2012
ISBN 978-3-86647-747-6
www.anacondaverlag.de
info@anacondaverlag.de

INHALT

HÄUPTLING POWHATAN (1609)

Ich bin alt geworden und werde bald sterben. Meine Nachfolger werden der Reihe nach sein meine Brüder Opitchapan, Opekankanough und Catataugh, danach meine beiden Schwestern und ihre beiden Töchter. Ich wünschte, sie hätten ebenso viel Erfahrung wie ich, und ich wünschte, eure Liebe für uns wäre nicht geringer als unsere Liebe für euch. Warum müsst ihr uns durch Gewalt nehmen, was ihr durch Liebe bekommen könnt? Warum müsst ihr uns vernichten, die wir euch zu essen gaben? Was erreicht ihr mit Krieg? Wir können unsere Vorräte verstecken und in die Wälder flüchten. In der Folge werdet ihr Hunger leiden, weil ihr euren Freunden unrecht getan habt. Was ist der Grund für eure Eifersucht? Ihr findet uns unbewaffnet und bereit, euch mit allem Lebenswichtigen zu versorgen, wenn ihr als Freunde zu uns kommt und nicht mit Schwertern und Gewehren, als ob ihr bei einem Feind einmarschiert. Ich bin nicht so einfältig, nicht zu wissen, dass es besser ist, gutes Fleisch zu essen, es des Nachts warm zu haben und mit meinen Frauen und Kindern friedlich zu schlafen, mit den Engländern zu lachen und fröhlich zu sein und als ihr Freund Kupfer, Beile und andere Dinge zu bekommen, anstatt zu fliehen, in den kalten Wäldern zu schlafen, sich von Eicheln, Wurzeln und anderem Unrat zu ernähren und ständig gejagt zu sein, ohne ausruhen, essen oder schlafen zu können. Unter solchen Bedingungen müssten meine Männer ständig Wache halten, und wenn nur ein Zweig knackte, würden alle schreien: »Da kommt Captain Smith!« Und dann würde auf erbärmliche Art mein erbärmliches Leben enden. Aber, Captain Smith, dies könnte bald auch dein Schicksal sein, leichtsinnig und unbelehrbar wie du bist. Ich rate dir deshalb zu Friedensverhandlungen, und vor allen Dingen bestehe ich darauf, dass die Gewehre und Schwerter, Ursache all des Misstrauens und der Sorge bei uns, von hier entfernt und weggeschafft werden.

HÄUPTLING RED JACKET (1805)

Freund und Bruder, es ist der Wille des Großen Geistes, dass wir an diesem Tag zusammenkommen. Er lenkt alle Dinge und hat uns einen schönen Tag für unsere Unterredung geschenkt. Er hat seinen Mantel von der Sonne genommen und lässt sie hell auf uns herabscheinen.

Unsere Augen sind geöffnet, so dass wir alles klar erkennen. Unsere Ohren sind unverschlossen, so dass wir die Worte deutlich hören konnten, die du gesprochen hast.

Für diese Gunst danken wir dem Großen Geist, ihm allein.

Bruder, du warst es, der dieses Versammlungsfeuer angezündet hat. Auf deinen Wunsch sind wir heute zusammengekommen. Wir haben aufmerksam auf das gehört, was du gesagt hast.

Du hast uns gebeten, dir freimütig zu antworten. Dies erfüllt uns mit großer Freude, da wir nun glauben, aufrecht vor dir zu stehen und sagen zu können, was wir denken.

Wir alle haben deine Stimme gehört und sprechen jetzt zu dir wie ein Mann. Wir sind einer Meinung.

Bruder, du sagst, du möchtest eine Antwort auf deine Rede, bevor du diesen Ort wieder verlässt.

Es ist richtig, dass wir dir Antwort geben, denn du bist weit weg von zuhause und wir möchten dich nicht lange aufhalten. Aber lass uns zunächst ein wenig zurückblicken und dir berichten, was unsere Väter uns erzählt haben und was wir von den Weißen gehört haben.

Bruder, höre, was wir zu sagen haben.

Es gab eine Zeit, da gehörte diese große Insel unseren Vorfahren. Ihre Siedlungen erstreckten sich vom Sonnenaufgang bis zum Sonnenuntergang. Der Große Geist hat das Land für die Indianer geschaffen. Er hat den Büffel gemacht, das Wild und alle anderen Tiere zu ihrer Nahrung. Er schuf den Bären und den Biber, deren Felle uns als

Kleidung dienen. Er verteilte sie über das ganze Land und lehrte uns, sie zu jagen. Er ließ die Erde Mais hervorbringen, damit wir Brot haben.

All das hat er für seine roten Kinder getan, weil er sie liebte.

Wenn es Streit um Jagdgründe gab, wurde dieser meistens ohne großes Blutvergießen beigelegt.

Doch dann brach ein böser Tag über uns herein. Eure Vorfahren überquerten das große Wasser und gingen auf dieser Insel an Land.

Es waren nur wenige. Sie trafen auf Freunde, nicht auf Feinde. Sie erzählten uns, sie seien aus ihrem eigenen Land geflohen aus Furcht vor bösen Menschen und hierher gekommen, um frei nach ihrer Religion zu leben.

Sie baten um ein kleines Stück Land. Wir hatten Mitleid mit ihnen und erfüllten ihren Wunsch und sie ließen sich unter uns nieder. Wir schenkten ihnen Mais und Fleisch. Sie gaben uns Gift* dafür zurück.

Die Weißen, Bruder, hatten unser Land entdeckt. Die Nachricht verbreitete sich und es ka-

* Rum

11

men immer mehr zu uns. Dennoch fürchteten wir sie nicht. Wir dachten, sie wären Freunde.

Sie nannten uns Brüder. Wir vertrauten ihnen und überließen ihnen ein größeres Stück Land.

Schließlich waren es sehr viele geworden. Sie verlangten noch mehr Land. Sie wollten unser ganzes Land.

Da gingen uns die Augen auf und unsere Herzen wurden unruhig.

Es gab Kriege. Indianer wurden angeheuert, um gegen Indianer zu kämpfen, und viele unserer Leute kamen um.

Sie brachten auch den Branntwein zu uns. Der war stark und mächtig und hat Tausende getötet.

Bruder, einst waren unsere Siedlungen groß und eure sehr klein. Jetzt seid ihr ein großes Volk und uns bleibt kaum ein Ort, um unsere Decken auszubreiten. Jetzt besitzt ihr unser Land, aber das ist euch nicht genug. Ihr wollt uns auch noch eure Religion aufzwingen.

Bruder, höre weiter zu.

Du sagst, dass du geschickt wurdest, um uns die wahre Verehrung des Großen Geistes nach seinem Willen zu lehren, und dass wir unglücklich

sein werden, wenn wir die Religion nicht annehmen, die ihr Weißen lehrt.

Du sagst, dass euer Weg der richtige ist und
dass wir verloren sind.

Woher sollen wir wissen, ob das stimmt?

Wir wissen nur, dass eure Religion in einem
Buch steht. Wenn dieses Buch auch für uns bestimmt ist, warum hat der Große Geist es uns nicht
gegeben? Und warum hat er auch unseren Vorfahren keine Kenntnis von dem Buch gegeben und davon, wie es richtig zu verstehen sei? Wir wissen nur,
was du uns darüber erzählst. Woher sollen wir wissen, wann wir Vertrauen haben können, wo wir
von den Weißen so oft getäuscht wurden?

Bruder, du sagst, es gibt nur einen Weg, den
Großen Geist zu verehren und ihm zu dienen.
Aber wenn es nur eine Religion gibt, warum seid
ihr Weißen so uneins darüber? Warum seid ihr
euch nicht einig, wo ihr das Buch doch alle lesen
könnt?

Bruder, all das verstehen wir nicht.

Man hat uns erzählt, dass eure Religion euren
Vorfahren offenbart und weitergereicht wurde
vom Vater zum Sohn. Auch wir haben eine Religi-

on, die unseren Vorfahren offenbart wurde und die sie an uns, ihre Kinder, weitergegeben haben.

Nach dieser Überlieferung üben wir unsere Religion aus. Sie lehrt uns, dankbar zu sein für all das Gute, das wir empfangen, einander zu lieben und untereinander einig zu sein. Über unsere Religion geraten wir nie in Streit.

Bruder, der Große Geist hat uns alle erschaffen. Aber er hat einen großen Unterschied zwischen seinen weißen und seinen roten Kindern gemacht: Er gab uns eine andere Hautfarbe und andere Gewohnheiten. Euch hat er Gelehrsamkeit gegeben; unsere Augen hat er dafür nicht geöffnet. Aber wir wissen, dass diese Dinge wahr sind.

Da er uns in vielen anderen Dingen so unterschiedlich gemacht hat, warum sollte er uns nicht auch eine andere Religion geschenkt haben, die unserer Denkweise entspricht?

Der Große Geist handelt immer richtig. Er weiß, was das Beste für seine Kinder ist. Wir sind damit zufrieden.

Bruder, wir möchten euch eure Religion nicht zerstören oder wegnehmen. Wir wollen uns nur an unserer erfreuen.

Bruder, du sagst, du bist nicht gekommen, um unser Land zu stehlen oder unser Geld, sondern um unseren Geist zu erleuchten. Du musst wissen, dass ich bei euren Versammlungen war und gesehen habe, dass ihr dort Geld gesammelt habt.

Ich weiß nicht, wofür das Geld bestimmt war, ich nehme an, für euren Prediger. Sollten wir uns eure Ansichten zu eigen machen, dann würdet ihr vielleicht auch von uns welches fordern.

Bruder, wir haben gehört, dass du vor den Weißen, die hier leben, gepredigt hast. Sie sind unsere Nachbarn. Wir kennen sie. Wir werden eine Weile abwarten und darauf achten, wie sich eure Predigt auf sie auswirkt. Wenn wir merken, dass sie ihnen gut tut und sie ehrlich werden und weniger dazu neigen, Indianer zu betrügen, dann werden wir erneut darüber nachdenken, was du uns gesagt hast.

Bruder, nun hast du unsere Antwort auf deine Rede gehört. Dies ist alles, was wir heute zu sagen haben. Da wir nun auseinandergehen, wollen wir zu dir kommen und dir die Hand reichen. Wir hoffen, dass der Große Geist dich auf deiner Reise beschützt und dich sicher zu deinen Freunden zurückbringt.

HÄUPTLING RED JACKET (1811)

B ruder! Wir haben gehört, was du uns von der Versammlung der Schwarzkittel* in New York berichtet hast. Wir haben über deine Worte und deine Vorschläge reiflich nachgedacht. Wir antworten dir jetzt und hoffen, dass du diese Antwort ebenfalls verstehst. Um zu einer Entscheidung zu kommen, haben wir auf das zurückgeblickt, was in unserer Zeit geschehen ist und was uns unsere Väter von den alten Zeiten erzählt haben.

Bruder! Eine Menge Schwarzkittel haben die Indianer besucht. Mit sanfter Stimme und lächelnder Miene haben sie angeboten, uns die Religion der Weißen zu lehren. Unsere Brüder im Osten hörten auf sie. Sie wandten sich von der Re-

* Missionare

ligion ihrer Väter ab und nahmen die Religion der Weißen an. Was hat es ihnen genützt? Leben sie jetzt friedlicher miteinander als wir? Nein, Bruder! Sie sind ein geteiltes Volk – wir stehen fest zusammen. Sie streiten sich über die Religion – wir leben in Liebe und Freundschaft. Außerdem trinken sie Feuerwasser. Und sie haben gelernt, wie man betrügt und allen anderen Lastern der Weißen frönt – ohne ihre Tugenden zu übernehmen. Bruder! Wenn du es gut mit uns meinst, dann halte dich fern von uns und lass uns in Frieden.

Bruder! Wir beten den Großen Geist nicht so an, wie es die Weißen tun, aber wir glauben, dass dem Großen Geist die Art und Weise der Verehrung gleichgültig ist. Er hat Gefallen an denen, die ihn aufrichtigen Herzens anbeten, und das tun wir.

Eure Religion sagt, dass wir an einen Vater und an einen Sohn glauben müssen, sonst würden wir im Jenseits nicht glücklich sein. Wir glauben schon immer an einen Vater und wir beten ihn an, wie es uns unsere Altvorderen gelehrt haben. Euer Buch sagt, dass der Sohn vom Vater auf die Erde geschickt wurde. Aber haben alle

Leute, die den Sohn gesehen haben, ihm ge-
glaubt? Nein, das haben sie nicht! Und wenn du
das Buch gelesen hast, dann wirst du wissen, wohin das geführt hat.

Bruder! Du willst, dass wir unsere Religion
gegen eure eintauschen. Aber wir lieben unsere
Religion und wollen keine andere. Unsere Freunde hier (er zeigt auf den Indianerbeauftragten
Granger und zwei andere Weiße) tun uns viel
Gutes. Sie beraten uns bei Schwierigkeiten. Sie
lehren uns, wie wir allezeit gut leben können.
Unsere Freunde, die Quäker, tun noch mehr für
uns. Sie geben uns Pflüge und bringen uns bei,
wie man sie gebraucht. Sie sagen uns, dass wir
mündige Geschöpfe sind. Aber sie sagen uns
nicht, dass wir unsere Religion aufgeben müssen.
Wir sind zufrieden mit dem, was sie tun, und mit
dem, was sie sagen.

Bruder! Aus diesen Gründen können wir deine Vorschläge nicht annehmen. Wir müssen uns
um andere Dinge kümmern und bitten dich, un-
besorgt zu sein und uns keine Schwierigkeiten zu
machen, damit unsere Köpfe nicht zu sehr voll-
gestopft werden und am Ende noch zerbersten.

HÄUPTLING TECUMSEH (1811)

Wir haben uns heute Abend im heiligen Rat versammelt, um Fragen von größter Wichtigkeit zu besprechen. Wir sollten hier nicht darüber streiten, ob uns Unrecht und Schaden zugefügt wurden, sondern auf welche Weise wir uns rächen können. Denn unsere gnadenlosen Unterdrücker haben ihre Strategie von langer Hand geplant und ihre Angriffe sind nicht nur zu erwarten, sondern wurden und werden bereits gegen jene Angehörigen unserer Rasse geführt, die noch nicht Stellung bezogen haben. Wir wissen genau, mit welcher Taktik die Weißen auf dem Vormarsch sind und bei unseren Nachbarn einfallen. Sie wähnen sich noch unentdeckt und müssen gar nicht sehr kühn vorgehen, weil ihr so unaufmerksam seid. Die

Weißen sind uns, selbst wenn wir uns verbünden, fast ebenbürtig und viel zu stark, als dass ein Stamm allein sich ihnen widersetzen könnte. Und wenn wir uns nicht verbünden und uns gegenseitig mit vereinten Kräften unterstützen, wenn nicht jeder Stamm einmütig zusammensteht und dem Machtstreben und der Gier der Weißen den Kampf ansagt, dann werden sie uns bald alle einzeln und getrennt voneinander besiegen und wir werden aus dem Land unserer Geburt vertrieben und in alle Himmelsrichtungen zerstreut wie Herbstblätter im Wind.

Aber besitzen wir etwa nicht genug Mut, um unser Land zu verteidigen und unsere uralte Unabhängigkeit zu behaupten? Werden wir seelenruhig mit ansehen, wie uns die weißen Eindringlinge und Tyrannen zu Sklaven machen? Soll man über unsere Rasse sagen, dass wir uns nicht vor den drei schlimmsten Übeln zu bewahren wussten: Torheit, Trägheit und Feigheit? Doch aus welchem Grund sollen wir über die Vergangenheit reden? Sie spricht für sich selbst und fragt: »Wo sind heute die Pequot? Wo die Narragansett, die Mohawk, die Pocanoket und viele andere einst so mächtige Stämme unserer Rasse?« Wie Schnee in der Sonnenglut sind sie verschwunden angesichts der Gewaltherrschaft und Gier der Weißen. In der vergeblichen Hoffnung, ihren alten Besitz allein verteidigen zu können, haben sie sich in Kriege mit dem weißen Mann hineinziehen lassen. Schaut euch ihr einst so schönes Land genau an – was seht ihr heute? Nichts als die Verwüstungen der bleichgesichtigen Zerstörer, soweit das Auge reicht. So wird es auch euch ergehen, Choctaw und Chickasaw! Eure mächtigen Waldbäume, unter deren weiten, schattigen Zweigen ihr als Kinder gespielt habt und als Jugendliche herumgetollt seid und unter denen ihr heute eure müden Glieder nach den Strapazen der Jagd ausruht, diese Bäume werden bald gefällt werden, um mit ihnen das Land einzuzäunen, das die weißen Eindringlinge ihr Eigen zu nennen wagen. Bald werden ihre breiten Straßen über die Gräber eurer Väter führen und ihre Ruhestätte wird für immer ausgelöscht sein. Wir stehen vor der Vernichtung unserer Rasse, wenn wir uns nicht alle gemeinsam gegen den gemeinsamen Feind verbünden. Glaubt nicht, tapfere Choctaw und Chickasaw, dass ihr angesichts der Gefahr, in der wir alle uns befinden, untätig und teilnahmslos bleiben und unserem gemeinsamen Schicksal entgehen könnt. Auch euer Stamm wird durch ihren Gifthauch bald wie Blätter fallen und wie Wolken zerstieben. Auch ihr werdet aus eurer Heimat und eurem Stammesgebiet vertrieben werden wie Blätter im eisigen Sturm.

Oh Choctaw und Chickasaw, wiegt euch nicht länger in falscher Sicherheit und trügerischer Hoffnung! Unser weites Land entgleitet uns rasch. Die weißen Eindringlinge werden Jahr für Jahr gieriger, dreister, tyrannischer und herrschsüchtiger. Jedes Jahr gibt es neue Auseinandersetzungen zwischen ihnen und uns, und wenn dabei Blut fließt, müssen wir dafür büßen, ob zu Recht oder zu Unrecht, und dafür mit dem Leben unserer größten Häuptlinge und dem Verzicht auf große Teile unseres Landes bezahlen. Bevor die Bleichgesichter zu uns kamen, genossen wir das Glück grenzenloser Freiheit. Wir kannten weder Wohlstand noch Mangel oder Unterdrückung.

Wie ist es heute? Mangel und Unterdrückung sind unser Los, denn wird nicht jeder unserer Schritte überwacht und wagen wir es, uns ohne Erlaubnis von der Stelle zu rühren? Werden wir nicht Tag für Tag mehr von dem Wenigen abgeschnitten, das von unserer ursprünglichen Freiheit noch übrig ist? Treten und schlagen sie nicht schon jetzt auf uns ein wie auf die Schwarzgesichter? Wie lange wird es noch dauern, bis sie uns wie diese an einen Pfahl binden und uns auspeitschen und uns auf ihren Maisfeldern für sich arbeiten lassen? Sollen wir still auf diesen Augenblick warten, oder sollen wir im Kampf sterben, anstatt uns einer solchen Schmach zu unterwerfen?

Führen sie uns nicht schon seit Jahren ihre Absichten vor Augen, und können wir daran nicht klar und deutlich ablesen, was sie in Zukunft vorhaben? Werden wir nicht bald aus unseren jeweiligen Ländern und von den Gräbern unserer Vorfahren vertrieben? Werden nicht die Knochen unserer Toten umgepflügt und ihre Gräber in Ackerland verwandelt werden? Sollen wir ruhig abwarten, bis sie so zahlreich sind, dass wir uns ihrer Unterdrückung nicht länger widersetzen können? Wollen wir darauf warten, dass wir vernichtet werden, ohne alles aufzubieten, was unserer Rasse Ehre macht? Sollen wir unsere Heimat, unser Land, das uns der Große Geist überlassen hat, die Gräber unserer Toten und alles, was uns lieb und heilig ist, kampflos aufgeben? Ich weiß, ihr werdet mit mir ausrufen: Niemals! Niemals! Also lasst sie uns mit vereinten Kräften vernichten, was wir jetzt noch schaffen können, oder lasst sie uns dorthin zurückdrängen, von wo sie gekommen sind. Wir haben jetzt nur noch die Wahl zwischen Krieg oder Vernichtung. Was wählt ihr? Ich kenne eure Antwort. Deshalb bitte ich euch heute, tapfere Choctaw und Chickasaw, um Unterstützung in der gerechten Sache zur Befreiung unserer Rasse aus dem Griff dieser treulosen Eindringlinge und herzlosen Unterdrücker. Wir müssen verhindern, dass die Weißen weiterhin unser Land an sich reißen, sonst werden wir, die rechtmäßigen Besitzer, als menschliche Rasse für immer vernichtet und ausgelöscht werden. Ich stehe jetzt an der Spitze von vielen Kriegern, unterstützt von einer starken Truppe englischer Soldaten. Choctaw und Chickasaw, zu lange habt ihr die bittere Unterwerfung durch die überheblichen Amerikaner erduldet. Seid nicht länger ihre Opfer. Sollte heute Abend jemand hier sein, der nicht glaubt, dass ihm seine Rechte früher oder später von den machtgierigen amerikanischen Bleichgesichtern genommen werden, dann verdiente seine Ignoranz unser Mitleid, denn dann wüsste er wenig über den Charakter unseres gemeinsamen Feindes. Und gäbe es einen unter euch, der verrückt genug wäre, den wachsenden Einfluss der weißen Rasse zu unterschätzen, der sollte zittern angesichts der fürchterlichen Leiden, die er über unsere gesamte Rasse brächte, wenn durch seine sträfliche Gleichgültigkeit die Pläne unseres gemeinsamen Feindes gegen unser gemeinsames Land unterstützt würden. Also hört auf die Stimme der Pflicht, der Ehre, der Natur und eures gefährdeten Landes. Lasst uns *einen* Körper, *ein* Herz bilden und unser Land, unsere Heimat, unsere Freiheit und die Gräber unserer Väter bis zum letzten Krieger verteidigen.

Choctaw und Chickasaw, ihr gehört zu den wenigen unserer Rasse, die noch träge und bequem dasitzen. Sicher, ihre geltet gemeinhin als mutig, aber gründet sich dieser Ruf auf Tatsachen oder nur auf Gerüchte? Werdet ihr zulassen, dass sich die Weißen in euren Gebieten immer mehr ausbreiten, sogar bis vor eure Tür, bevor ihr von eurem Recht auf Widerstand Gebrauch macht? Keiner in diesem Rat soll glauben, dass ich mehr aus Böswilligkeit gegen die bleichgesichtigen Amerikaner spreche als aufgrund berechtigter Klage. Eine Klage ist angemessen gegenüber Freunden, die ihre Pflichten vernachlässigt haben, eine Anschuldigung richtet man gegen Feinde, die sich eines Unrechts schuldig gemacht haben. Und wenn je ein Volk gute und berechtigte Gründe dafür hatte, die Amerikaner des Unrechts zu bezichtigen, dann wir, vor allem, weil sie so viele unrechte Taten gegen unsere Rasse begangen haben, über die sie nicht einmal nachdenken. Sie sind ein Volk, das alles Neue liebt, das schnell etwas ausklügelt und die Pläne rasch und wirkungsvoll umsetzt, ganz gleich, wie groß das Unrecht und der Schaden für uns sind. Dagegen sind wir zufrieden damit, das zu bewahren, was uns schon gehört. Ihre Absicht ist es, ihren Besitz zu vergrößern, indem sie euch den euren nach und nach wegnehmen. Wollt ihr, ja könnt ihr dabei noch länger tatenlos zusehen, Choctaw und Chickasaw? Könnt ihr euch nicht vorstellen, dass jenes Volk sich die längste Zeit des Friedens erfreut, das rechtzeitig Maßnahmen zu seiner Verteidigung ergreift und den festen Entschluss fasst, sich selbst Recht zu verschaffen, wenn ihm Unrecht widerfährt? Ganz im Gegenteil. Dann eilt zur Unterstützung unserer gemeinsamen Sache, denn als Blutsbrüder seid ihr dazu verpflichtet; damit nicht bald der Tag kommt, an dem ihr einsam und allein der grausamen Gnade unseres erbittertsten Feindes ausgeliefert seid.

HÄUPTLING PUSHMATAHA (1811)

Ich bin nicht in der Absicht hergekommen, ein Streitgespräch mit jemandem zu führen. Daher stehe ich jetzt nicht vor euch, meine Krieger und Brüder, um den Vorwürfen Tecumsehs zu widersprechen, sondern um euch in einer Angelegenheit von größter Bedeutung vor überstürztem Handeln und riskanten Entscheidungen zu bewahren, zu denen euch andere anstiften wollen. Aus Erfahrung weiß ich – und ich sehe viele unter euch, Choctaw und Chickasaw, die genauso lebenserfahren sind wie ich –, dass man in einer neuen Sache leicht unüberlegte Schritte unternimmt. Ich stehe heute Abend auch nicht vor euch, um die zahlreichen Anklagen zu widerlegen, die gegen die Amerikaner vorgebracht wurden, oder um meine Stimme in nutzlosen Anschuldigungen gegen sie zu erheben. Denn die Frage ist nicht, welches Unrecht sie an unserer Rasse begangen haben, sondern welche Maßnahmen wir in der Auseinandersetzung mit ihnen am besten ergreifen sollen. Denn selbst wenn sie unsere Rasse vielleicht ungerecht und schändlich behandelt haben, ist das für mich noch kein ausreichender Grund, sie zu vernichten – es sei denn, ihr hieltet das für gerecht und angemessen. Aber ebenso wenig rate ich euch, ihnen zu vergeben, selbst wenn sie zu bemitleiden sind – es sei denn, dies wäre im Interesse unseres Gemeinwohls. Stärker als unser gegenwärtiges sollten wir unser zukünftiges Wohlergehen im Blick haben. Welches Volk, meine Freunde und Landsleute, wäre so töricht und leichtfertig, sich aus freien Stücken in einen Krieg zu verwickeln, solange es diesem Vorhaben weder aus eigener Kraft noch mit fremder Hilfe gewachsen ist? Ich weiß sehr gut, dass es oft Anlässe gibt, wo man zum Äußersten greifen muss, aber, meine Landsleute, ein solcher Anlass besteht jetzt nicht. Deshalb bitte ich euch dringend, gut zu überlegen, bevor ihr in dieser wichtigen Frage überstürzt handelt, und zu bedenken, welch großer Fehler es wäre, Tecumsehs Rat unüberlegt zuzustimmen und leichtfertig zu befolgen. Bedenkt, dass die Amerikaner uns jetzt wohlgesonnen sind. Sicher seid ihr davon überzeugt, dass wir den größten Vorteil erzielen, wenn wir jene Maßnahmen wählen und ergreifen, zu denen ich euch bereits geraten habe. Und ohne zu viel Erbarmen oder Nachsicht walten zu lassen, wozu ich mich niemals hinreißen lassen könnte, bitte ich euch inständig, in dieser ernsten Angelegenheit meinem Rat zu folgen und im Interesse unseres zukünftigen Wohlergehens diese Strategie zu wählen. Meine Freunde und Landsleute! Ihr habt derzeit keinen triftigen Grund, den Amerikanern den Krieg zu erklären oder euch an ihnen wie an einem Feind zu rächen, denn sie haben euch gegenüber immer freundschaftliche Gefühle gezeigt. Außerdem ist es unvereinbar mit dem Ruf und der Ehre eures Volkes, einen rechtmäßigen Vertrag zu verletzen, und es wäre eine Schande für das Andenken eurer Ahnen, gegen das amerikanische Volk Krieg zu führen als Vergeltung für die Niedertracht der Engländer.

Der Krieg, den ihr jetzt gegen die Amerikaner in Erwägung zieht, wäre ein offenkundiger Rechtsbruch, ja eine furchtbare Schande für eure Ehre und die eurer Väter, und wenn ihr es sorgfältig und gewissenhaft prüft, werdet ihr merken, dass er für unsere Rasse nichts als Zerstörung brächte. Es wäre ein Krieg gegen ein Volk, das bereits jetzt viel mehr Land besitzt als wir und das viel besser ausgerüstet ist mit allem notwendigen Kriegsgerät: Männer, Gewehre, Pferde, Geld – weit mehr als alles, was unsere Rasse gemeinsam besitzt. Worin liegt die Notwendigkeit oder die Weisheit, ein solches Volk zu bekriegen? Wie können wir auf Erfolg hoffen, wenn wir ihnen so schwach und unvorbereitet den Krieg erklären? Wir wollen uns nicht von der törichten Hoffnung leiten lassen, dieser Krieg wäre, einmal begonnen, bald vorüber, selbst wenn wir alle Weißen in unseren Gebieten vernichteten und ihre Häuser und Felder verwüsteten. Davon sind wir weit entfernt. Ein Krieg wird vielmehr der Anfang vom Ende sein und mit der völligen Auslöschung unserer Rasse enden. Wir werden nicht zulassen, dass man uns zu Sklaven macht, und wir werden keineswegs wie unerfahrene Krieger vor einem Krieg zurückschrecken. Doch ebenso wenig will ich euch den unvernünftigen und falschen Rat geben, euch den Gewalttaten der Weißen feige auszuliefern oder ihre unrechtmäßigen Übergriffe bereitwillig zu dulden. Ich rate euch nur, jetzt noch nicht auf das Mittel des Krieges zurückzugreifen, sondern Botschafter zu unserem Großen Vater in Washington* zu schicken und ihm unsere Beschwerden vorzutragen und dabei weder allzu große Kriegslust noch Anzeichen von Kleinmut erkennen zu lassen. Lasst uns, meine Landsleute, unseren Beschluss zu dieser so enorm wichtigen Angelegenheit mit großer Vorsicht und Klugheit fassen, weil er so schwerwiegende Folgen nach sich ziehen könnte.

Oh meine Landsleute, lasst euch von der Meinung anderer nicht in der Weise beeinflussen, dass ihr euer Land in einen Krieg führt, der seinen Frieden zerstört und seine künftige Sicherheit, sein Wohlergehen und sein Glück gefährdet.

* Präsident James Madison

Bedenkt, ehe es zu spät ist, welch großes Risiko ein Krieg gegen das amerikanische Volk darstellt, und überlegt euch gut, bevor ihr euch daran beteiligt, welche Folgen es haben wird, wenn sich eure Pläne und Erwartungen nicht erfüllen. Lasst euch nicht von trügerischen Hoffnungen leiten. Hört auf mich, oh meine Landsleute: Dieser Krieg, einmal begonnen, wird in einer Katastrophe für uns enden, von der wir bisher verschont geblieben und weit entfernt sind; und wen von uns sie treffen wird, das bestimmt allein der ungewisse und riskante Krieg. Ich bitte euch, macht euch nicht des Leichtsinns schuldig, wo ihr doch auch bisher nie leichtsinnig wart. Ich beschwöre euch, solange wir uns alle noch für heilsame Maßnahmen entscheiden können, den Vertrag nicht zu lösen und euer Ehrenwort nicht zu brechen, sondern unsere Beschwerden, worin sie auch bestehen mögen, dem Kongress der Vereinigten Staaten vorzutragen, wie es die Bestimmungen des Vertrages zwischen uns und dem amerikanischen Volk vorsehen. Wenn ihr anders handelt, dann rufe ich hier den Großen Geist an, der jeden Schwur hört. Er sei mein Zeuge, dass ich alles daransetzen werde, mich an den Urhebern dieses Krieges zu rächen, und dabei zu denselben Mitteln greifen werde, die ihr gebraucht. Denkt daran, wir sind ein Volk, das der Erfolg nie überheblich und das Unglück nie unterwürfig gemacht hat. Jene aber, die uns zu riskanten Unternehmungen auffordern, indem sie ein Loblied auf uns anstimmen, sollen wissen, dass ihr Lied, auch wenn wir es gerne hören, nicht unser Urteilsvermögen schmälert und dass uns auch der Versuch, uns durch eine Flut von Schmähungen zur Verzweiflung zu bringen, nicht zum Einlenken bewegen wird. Ausgeglichene Gemüter wie wir zeichnen sich dadurch aus, dass sie heiß in die Schlacht stürmen und kühl ins Wortgefecht gehen; erstens, weil das Pflichtgefühl unser ruhiges Wesen stärker antreibt, und zweitens, weil ein großes Ehrgefühl uns zum todesmutigen Kampf anspornt. Und ganz gleich, wie gut wir in der Kunst der Rede sind, unsere Erziehung geht nicht soweit, uns eine Verachtung der Gesetze zu lehren, sondern gibt uns in ihrer Ernsthaftigkeit genug gesunden Menschenverstand, Gesetze niemals zu missachten.

Wir sind kein so unverschämt kluges Volk, dass wir die Vorkehrungen unserer Gegner durch eine geschickte Rede entkräften und mit ihnen in einen Wettstreit treten könnten. Aber wir glauben, dass die Bleichgesichter ähnlich denken wie wir und dass ein so riskantes Vorhaben nicht durch eine Rede entschieden werden sollte. Wir gehen immer davon aus, dass die Pläne unserer Feinde sorgfältig durchdacht sind, und dann bereiten wir uns gründlich darauf vor, sie zu durchkreuzen. Unser Erfolg gründet nicht auf der Hoffnung, dass unsere Gegner bei der Ausführung ihrer Pläne gewiss scheitern werden, sondern auf der Hoffnung, dass wir keine maßgeblichen Schritte versäumt haben, die unsere Sicherheit gewährleisten. Diese Regel haben uns unsere Väter überliefert, und immer, wenn wir uns an sie hielten, war es zu unserem Vorteil. Lasst uns dies, meine Landsleute, jetzt nicht vergessen und auch nicht in kurzer Zeit überstürzt eine Frage entscheiden, die so kompliziert ist. Es ist zwar die Pflicht der Klugen, sich am Frieden zu erfreuen, solange sie selbst keinen Schaden erlitten haben. Aber es ist die Pflicht der Tapferen, wenn sie Schaden erlitten haben, den Frieden aufzugeben und zu den Waffen zu greifen; und wenn sie damit erfolgreich waren, diese in Ruhe und Frieden wieder abzulegen – sich also weder über das Maß hinaus am Kriegserfolg zu berauschen noch so sehr von der Süße des Friedens entzückt zu sein, dass man Beleidigungen erduldet. Denn wer sich sorgt, sein Glück zu verlieren, und dabei untätig herumsitzt, wird bald eben jenes Glücks beraubt, um das er bangt; und der, dessen Leidenschaften durch militärischen Erfolg entflammt sind und der zu sehr berauscht ist von trügerischem Selbstvertrauen, achtet nicht mehr auf die Gesetze.

Es gibt viele Pläne, die sich als erfolgreich erweisen, obwohl sie unüberlegt geschmiedet wurden, weil sich der Feind noch unvernünftiger verhalten hat; aber noch zahlreicher sind die Fälle, die ein schmachvolles und gegenteiliges Ergebnis zeitigen, obwohl sie scheinbar auf reiflicher Überlegung gründeten. Dies rührt her von der großen Diskrepanz zwischen der Planung einer Tat und ihrer tatsächlichen Ausführung. Denn in der Ratsversammlung beschließen wir etwas, umgeben von Sicherheit; aber in der Ausführung verlieren wir den Mut durch die Vorherrschaft der Furcht. Hört auf die Stimme der Vernunft, oh meine Landsleute, bevor ihr überstürzt handelt. Entscheidet euch, wie ihr wollt, aber seid euch über eines im Klaren: Ich werde mich in diesem Krieg unseren Freunden, den Amerikanern, anschließen.

HÄUPTLING BLACK HAWK (1832)

Ihr habt mich und all meine Krieger gefangengenommen. Das betrübt mich sehr, hatte ich doch
gehofft, euch zu besiegen oder wenigstens länger
die Stellung zu halten und euch mehr abzuver-
langen, bevor ich mich ergebe. Ich gab mir große
Mühe, euch in einen Hinterhalt zu locken, aber
euer letzter General versteht etwas von indiani-
scher Kriegsführung. Der erste war nicht so klug.
Als ich merkte, dass ich euch nicht mit indiani-
scher Taktik schlagen konnte, beschloss ich, euch
anzugreifen und Mann gegen Mann zu kämpfen.
Ich kämpfte hartnäckig. Aber eure Gewehre ziel-
ten gut. Die Kugeln flogen durch die Luft wie Vö-
gel und brausten an unseren Ohren vorbei wie
der Winterwind durch die Bäume. Meine Krieger
fielen einer nach dem anderen; es sah schlecht

für uns aus. Ich sah meinen Unglückstag kommen. Die Sonne ging am Morgen verhangen über uns auf und versank am Abend wie ein Feuerball in einer dunklen Wolke. Dies war die letzte Sonne, von der Black Hawk beschienen wurde. Sein Herz ist tot, es schlägt nicht mehr rege in seiner Brust. – Er ist jetzt ein Gefangener der Weißen, sie werden mit ihm tun, was sie wollen. Aber er kann Folter aushalten und hat keine Angst vor dem Tod. Er ist kein Feigling. Black Hawk ist ein Indianer.

Er hat nichts getan, wofür sich ein Indianer schämen müsste. Er hat für seine Landsleute gekämpft, für ihre Frauen und Kinder, gegen die weißen Männer, die Jahr für Jahr kamen, um sie zu betrügen und ihnen ihr Land wegzunehmen. Ihr wisst, warum wir diesen Krieg geführt haben. Alle Weißen wissen es. Sie sollten sich dessen schämen. Die Weißen verachten die Indianer und jagen sie aus ihrer Heimat. Aber die Indianer sind keine Betrüger. Die Weißen reden schlecht über den Indianer und blicken voller Hass auf ihn herab. Aber der Indianer lügt nicht, und Indianer stehlen nicht.

Wäre ein Indianer so böse wie die weißen Männer, er könnte nicht unter uns leben. Er würde getötet und von den Wölfen aufgefressen werden. Die Weißen sind schlechte Lehrmeister; sie verstellen sich und handeln scheinheilig; sie lachen dem armen Indianer ins Gesicht, um ihn dann übers Ohr zu hauen. Sie schütteln den Indianern die Hand, um ihr Vertrauen zu gewinnen, sie betrunken zu machen und sie dann zu betrügen. Sie schänden unsere Frauen. Wir sagten ihnen, sie sollten uns in Ruhe lassen und sich von uns fernhalten, sie aber machten immer weiter, lauerten uns auf und nisteten sich bei uns ein wie eine Schlange. Ihre Berührung hat uns vergiftet. Wir lebten nicht mehr in Sicherheit. Wir schwebten in Gefahr. Wir wurden wie sie: Heuchler und Lügner, Ehebrecher, faule Schmarotzer, lauter Schwätzer, keine Arbeiter.

Wir richteten unseren Blick auf zum Großen Geist. Wir gingen zu unserem Großen Vater. Wir bekamen neuen Mut. Sein großer Rat gab uns schöne Worte und große Versprechen mit auf den Weg, aber wir bekamen keine Wiedergutmachung. Die Lage wurde immer schlimmer.

Im Wald gab es kein Rotwild mehr. Die Beutelratte und der Biber waren geflüchtet, die Quellen trockneten aus. Unsere Frauen und Kinder hatten keine Vorräte mehr und drohten zu verhungern. Wir beriefen eine große Ratsversammlung ein und entzündeten ein großes Feuer. Der Geist unserer Väter erschien uns und redete uns zu, dieses Unrecht zu rächen oder zu sterben. Jeder von uns hielt eine Rede am Ratsfeuer. Es war warm und angenehm. Wir stimmten einen Kriegsgesang an und gruben den Tomahawk aus. Unsere Messer waren bereit, und das Herz von Black Hawk schwoll in seiner Brust, als er seine Krieger in die Schlacht führte. Er ist zufrieden. Er wird in die Welt der glücklichen Geister hinübergehen. Er hat seine Pflicht erfüllt. Sein Vater wird ihn dort empfangen und ihn loben.

Black Hawk ist ein wahrer Indianer und verachtet es, wie eine Frau zu weinen. Er hat Mitleid mit seiner Frau, seinen Kindern und Freunden. Aber er sorgt sich nicht um sich selbst. Er sorgt sich um seine Nation, die Indianer. Sie werden leiden. Ihr Schicksal ist es, das er beklagt.

Die Weißen nehmen keinen Skalp, aber sie tun Schlimmeres – sie vergiften das Herz, ihretwegen ist es nicht mehr rein. Black Hawks Landsleute werden nicht skalpiert, aber in einigen Jahren werden sie wie die Weißen sein, sodass man ihnen nicht mehr trauen kann. Dann wird es unter ihnen, wie in den Siedlungen der Weißen, fast so viele Polizisten wie Einwohner geben, um auf sie aufzupassen und sie in Schach zu halten.

Lebe wohl, mein Volk! Black Hawk hat versucht, dich zu retten und dein Unrecht zu rächen. Er hat das Blut vieler Weißer getrunken. Er wurde gefangengenommen und seine Pläne wurden vereitelt. Er kann nichts mehr tun. Er ist seinem Ende nahe. Seine Sonne sinkt und wird nicht wieder aufgehen. Lebe wohl, Black Hawk.

HÄUPTLING OSCEOLA (1834)

Meine Brüder! Die Weißen haben einige unserer Häuptlinge dazu überredet, ein Papier zu unterzeichnen, das ihnen unser Land gibt, aber diese Häuptlinge haben sich nicht an unseren Rat gehalten. Sie haben falsch gehandelt, und wir müssen es wieder richten. Der Indianerbeauftragte sagt, dass wir das Land, in dem wir leben, verlassen müssen – unsere Häuser und die Gräber unserer Väter –, und dass wir über den großen Fluss zu den schlechten Indianern* ziehen sollen. Wenn der Indianerbeauftragte mir befiehlt, meine Heimat zu verlassen, dann hasse ich ihn, denn ich liebe meine Heimat und werde sie nicht verlassen.

* gemeint sind die Creek im Indianer-Territorium

Meine Brüder! Wenn der Große Geist mir befiehlt, dem weißen Mann zu gehorchen, dann gehe ich – aber Er befiehlt mir, nicht zu gehen. Der weiße Mann sagt mir, dass ich gehen soll und dass er Leute schicken wird, um mich zum Gehen zu zwingen; ich aber habe ein Gewehr, etwas Schießpulver und etwas Blei. Ich sage euch, wir dürfen unsere Häuser und unser Land nicht verlassen. Wenn Mitglieder unseres Stammes nach Westen ziehen wollen, dann werden wir sie daran hindern. Ich werde ihnen sagen, dass sie unsere Feinde sind und wir sie entsprechend behandeln werden, denn der Große Geist wird uns beschützen.

HÄUPTLING SEATTLE (1854)

Der Himmel über uns hat das Leiden meines Volkes viele hundert Jahre lang beweint. Er scheint unwandelbar und unvergänglich und doch kann er sich verändern. Heute ist er klar, aber schon morgen kann er mit Wolken bedeckt sein.

Meine Worte sind wie die Sterne. Sie verändern sich nicht. Was Seattle auch sagt, der Große Häuptling in Washington kann sich darauf verlassen wie auf den Lauf der Sonne und der Jahreszeiten.

Der Weiße Häuptling* sagt, dass uns der Große Häuptling in Washington Worte der Freundschaft und des guten Willens sendet.

* Gouverneur Stevens

45

Das ist freundlich von ihm, denn wir wissen, dass er im Gegenzug unserer Freundschaft kaum bedarf.

Sein Volk ist groß. Es gleicht dem Gras, das die endlosen Prärien bedeckt.

Mein Volk ist klein. Es gleicht den vereinzelten Bäumen in der sturmdurchbrausten Ebene.

Der Große Häuptling schickt uns Nachricht, dass er unser Land kaufen will. Dabei sollen wir genug davon behalten dürfen, um gut leben zu können. Das klingt gerecht und sogar großzügig, denn der rote Mann hat längst schon keine Rechte mehr, die er achten muss. Vielleicht ist sein Angebot auch vernünftig, da wir ohnehin kein großes Land mehr brauchen.

Es gab eine Zeit, da bedeckte unser Volk das Land wie Wogen eines winddurchpflügten Meeres seinen muschelübersäten Grund. Aber die Zeiten, als die Stämme noch groß waren, sind schon lange vergangen und heute nicht mehr als eine traurige Erinnerung.

Ich will beim vorzeitigen Niedergang meines Volkes weder verweilen noch ihn beklagen noch meinen weißen Brüdern den Vorwurf machen, sie hätten ihn befördert. Vielleicht sind wir auch selbst ein wenig schuld daran.

Die Jugend ist unbesonnen. Wenn die jungen Männer unseres Volkes über offensichtliches oder scheinbares Unrecht in Wut geraten und ihre Gesichter mit schwarzer Farbe entstellen, dann sind auch ihre Herzen schwarz. Dann sind sie oft unbarmherzig und grausam und unsere Alten können sie nicht zurückhalten.

So war es schon immer. So war es auch, als der weiße Mann damit anfing, unsere Vorfahren Richtung Westen zu treiben.

Aber lasst uns hoffen, dass die Feindseligkeiten zwischen uns nie wieder zurückkehren. Wir haben alles zu verlieren und nichts zu gewinnen.

Junge Männer halten Rache für einen Gewinn, selbst wenn es sie das Leben kostet. Die Alten aber, die im Krieg zuhause bleiben, und Mütter, die Söhne zu verlieren haben, wissen es besser.

Unser guter Vater in Washington – ich denke, er ist nun unser Vater, so wie er euer Vater ist, seit King George seine Grenzen weiter nach Norden verschoben hat –, unser großer und guter Vater schickt uns Nachricht, dass er uns beschützen wird, wenn wir tun, was er verlangt. Seine tapferen Krieger werden uns ein grimmiger Schutzwall sein und seine stolzen Kriegsschiffe werden unsere Häfen füllen. Dann können unsere Feinde weit im Norden – die Haidas und die Tshimshian – unsere Frauen, Kinder und Alten nicht mehr schrecken.

Dann wird er wirklich unser Vater sein und wir seine Kinder.

Aber kann das jemals sein?

Euer Gott ist nicht unser Gott. Euer Gott liebt euer Volk und hasst das meine. Er legt seinen starken schützenden Arm liebevoll um den weißen Mann und führt ihn an der Hand wie ein Vater sein Kind. Aber seine roten Kinder hat er verlassen – wenn sie wirklich seine Kinder sind.

Es scheint, als habe auch unser Gott, der Große Geist, uns verlassen. Euer Gott lässt euer Volk täglich stärker werden. Bald wird es das ganze Land überdecken. Unser Volk aber weicht von dieser Erde wie ein rasch verebbendes Meer und kehrt nie wieder zurück.

Der Gott des weißen Mannes liebt unser Volk ganz sicher nicht, sonst würde er es beschützen. Wir sind wie Waisen, denen niemand hilft.

Wie können wir da Brüder sein? Wie kann euer Gott unser Gott werden und wie soll er unser gutes Leben erneuern und in uns Träume von der Rückkehr vergangener Größe wecken?

Wenn wir einen gemeinsamen Vater im Himmel haben, dann steht er auf eurer Seite – oder er kam nur zu seinen weißen Kindern. Wir haben ihn nie gesehen. Euch gab er Gesetze, doch kein Wort hatte er für seine roten Kinder, deren Scharen dieses große Land einst füllten wie die Sterne das Firmament.

Nein, wir sind zwei verschiedene Rassen mit zweierlei Ursprung und zweierlei Schicksal. Es gibt wenig, was uns verbindet.

Uns ist die Asche unserer Ahnen heilig und ihre Gräber sind heilige Erde. Ihr habt die Gräber eurer Vorfahren verlassen und es scheint euch nicht zu bekümmern.

Eure Religion hat der eiserne Finger eures Gottes auf steinerne Tafeln geschrieben, damit ihr sie nicht vergesst. Der rote Mann könnte sie niemals verstehen oder erinnern.

Unsere Religion ist Brauch und Überlieferung unserer Ahnen, es sind die Träume unserer Alten, nächtliche Geschenke des Großen Geistes, und die Visionen unserer Häuptlinge. Sie steht in den Herzen unseres Volkes geschrieben.

Eure Toten hören auf, euch zu lieben und das Land ihrer Geburt, sobald sie das Tor des Grabes durchschreiten und weit jenseits der Sterne wandeln. Sie sind bald vergessen und kehren nie wieder zurück.

Unsere Toten vergessen niemals die schöne Erde, die ihnen Leben gab. Sie hören nicht auf, ihre grünen Täler und rauschenden Flüsse, die Schönheit der Berge, Buchten, umwachsenen Seen und abgeschiedenen Mulden zu lieben. Ihre zärtliche Sehnsucht nach den Lebenden, die einsamen Herzens zurückgeblieben sind, treibt sie wieder und wieder aus dem Großen Jenseits zurück, um sie zu besuchen, zu führen und zu trösten.

Tag und Nacht können nicht beieinander wohnen. Der rote Mann ist stets vor dem nahenden weißen Mann geflohen, wie der Morgennebel sich verflüchtigt, wenn die Sonne steigt.

Dennoch scheint euer Angebot gerecht und ich denke, mein Volk wird es annehmen und in die Reservation gehen, die ihr ihm bietet. Dann werden wir in Ruhe leben, denn die Worte des Großen Weißen Häuptlings erscheinen uns wie Worte der Natur, die aus großer Finsternis zu meinem Volk spricht.

Es ist unbedeutend, wo wir den Rest unserer Tage verbringen. Es sind nicht mehr viele. Die Nacht der Indianer wird dunkel sein. Es ist kein Stern am Horizont, der Hoffnung brächte.

Ein trauriger Wind weht in der Ferne. Ein hartes Schicksal kreuzt den Pfad des roten Mannes. Wohin er auch geht, es nähert sich der Schritt seines todbringenden Feindes. Reglos erwartet er sein Schicksal wie das verwundete Reh, das den Schritt des Jägers hört.

Nur ein paar Monde noch, nur noch wenige Winter, und kein Nachkomme der mächtigen Stämme, die einst unter dem Schutz des Großen Geistes dieses große Land bevölkerten und glücklich darauf lebten, wird mehr übrig sein, um an den Gräbern eines Volkes zu trauern, das einst stärker und hoffnungsvoller war als eures.

Aber was soll ich das unzeitige Schicksal meines Volkes beklagen? Ein Stamm folgt auf den anderen, eine Nation löst die andere ab wie die Wellen des Meeres. So will es die Natur und es ist nutzlos, dies zu bedauern.

Euer Niedergang mag in weiter Ferne liegen, aber er wird kommen. Denn selbst der weiße Mann, dessen Gott mit ihm spricht wie Freund zu Freund, kann dem Schicksal nicht entgehen, das allen gemein ist.

Vielleicht sind wir dennoch Brüder. Wir werden sehen.

Wir werden euer Angebot überdenken, und wenn wir uns entschieden haben, lassen wir es euch wissen. Sollten wir es annehmen, dann jedoch nur unter einer Bedingung, die ich hier und jetzt benenne: dass wir die Gräber unserer Väter, Freunde und Kinder jederzeit und ungestört besuchen dürfen.

Meinem Volk ist jeder Teil dieser Erde heilig. Jeder Hügel, jedes Tal, jede Ebene und jeder

Wald ist geheiligt durch ein glückliches oder trauriges Ereignis längst vergangener Tage.

Selbst die Steine, die am einsamen Ufer scheinbar stumm und leblos in der Sonne glühen, beginnen zu klingen und rufen Erinnerungen wach an bewegende Erfahrungen im Leben meines Volkes. Und selbst der Staub, auf dem ihr gerade steht, antwortet unseren Schritten liebevoller als den euren, denn er birgt das Blut unserer Väter, und unsere nackten Füße sind sich der tiefen Verbundenheit bewusst.

Unsere verstorbenen Krieger, liebenden Mütter, freudvoll fröhlichen Mädchen und sogar unsere kleinen Kinder, die einst für eine kurze Zeit auf dieser Erde lebten und hier glücklich waren, lieben diese dunklen, einsamen Orte. Und in der Abenddämmerung begegnen sie dort schattenhaften Geistern aus der anderen Welt.

Und wenn der letzte rote Mann verschwunden ist und die Erinnerung an meinen Stamm nur noch Legende unter weißen Männern ist, dann werden diese Strände von den unsichtbaren Toten meines Stammes immer noch erfüllt sein.

Und wenn die Kinder eurer Kinder glauben, sie seien allein auf dem Feld, in den Lagerhäusern und Geschäften, auf den Straßen oder in der Stille unwegsamer Wälder, sind sie doch nicht allein.

Auf der ganzen Erde ist kein Ort der Einsamkeit geweiht. Nachts, wenn es in den Straßen eurer Städte und Dörfer ruhig geworden ist und ihr meint, sie lägen verlassen da, drängen sich dort die Geister unserer Ahnen, die früher die Straßen belebten und nicht aufgehört haben, dieses schöne Land zu lieben. Der weiße Mann wird niemals allein sein.

Er soll darum gerecht sein und mein Volk gut behandeln. Denn die Toten sind nicht ohne Macht.

Habe ich von Toten gesprochen? Es gibt keinen Tod. Nur ein Hinübergehen in eine andere Welt.

HÄUPTLING RED CLOUD (1870)

Meine Brüder und meine Freunde, die ihr heute hier seid: Der allmächtige Gott hat uns alle erschaffen und er ist hier, um zu hören, was ich euch zu sagen habe. Der Große Geist hat euch und uns erschaffen. Er gab uns Land, und er gab euch Land. Ihr kamt hierher und wir empfingen euch als Brüder. Als der Allmächtige euch erschuf, machte er euch ganz weiß und kleidete euch. Als er uns erschuf, gab er uns eine rote Haut und machte uns arm. Als ihr zum ersten Mal kamt, waren wir sehr viele und ihr sehr wenige. Jetzt seid ihr viele und wir sind wenige. Ihr wisst nicht, wer vor euch steht und zu euch spricht. Es ist ein Vertreter der amerikanischen Ureinwohner, des ersten Volkes auf diesem Kontinent. Wir sind gut und nicht schlecht. Die Berichte, die ihr über uns hört, sind alle einseitig. Ihr hört von uns nur als Mörder und Diebe. Das sind wir nicht. Wenn wir noch mehr Land hätten, das wir euch geben könnten, wir würden es euch überlassen, aber wir haben keines mehr. Wir werden völlig an den Rand gedrängt und wir bitten euch, unsere lieben Freunde, uns mit der Regierung der Vereinigten Staaten zu helfen. Der Große Geist schuf uns arm und unwissend. Euch schuf er reich und klug und geschickt in Dingen, von denen wir nichts verstehen. Der gute Vater schuf euch so, dass ihr zahme Tiere esst, und uns, dass wir wilde Tiere essen. Fragt jene, die durch unser Gebiet nach Kalifornien gezogen sind. Sie werden bezeugen, dass wir sie gut behandelt haben. Ihr habt Kinder. Wir haben auch Kinder, und wir möchten sie gesund großziehen. Wir bitten euch, uns dabei zu helfen. 1852 schloss der Große Vater* an der Mündung des Horse Creek einen Vertrag mit uns. Wir willigten ein, ihn

* Präsident Millard Fillmore

für einen Zeitraum von fünfundfünfzig Jahren ungehindert durch unser Gebiet ziehen zu lassen. Wir hielten Wort. Wir begingen keine Morde, keine Plünderungen – bis Truppen dorthin kamen. Als Truppen geschickt wurden, gab es plötzlich Ärger und Unruhen. Seither wurden von Zeit zu Zeit vielerlei Güter zu uns geschickt, aber nur eine Lieferung hat uns tatsächlich erreicht. Bald darauf nahm uns der Große Vater* den einzigen guten Mann, den er uns gesandt hatte, Colonel Fitzpatrick**. Der Große Vater sagte, wir müssten beim Ackerbau helfen, und einige unserer Männer gingen auf die Felder in die Nähe von Fort Laramie und wurden dort außerordentlich schlecht behandelt. Wir gingen nach Washington zu unserem Großen Vater, damit weiterhin Frieden herrsche. Der Große Vater, der uns alle gemacht hat, möchte, dass Frieden herrscht; auch wir möchten Frieden halten. Werdet ihr uns dabei helfen? Im Jahr 1868 kamen Männer zu uns

* Präsident Franklin Pierce
** Thomas Fitzpatrick, von 1846 bis zu seinem Tod 1854 Indianerbeauftragter

heraus und brachten Papiere mit. Wir konnten sie nicht lesen, und sie haben uns nicht aufrichtig gesagt, was darin stand. Wir dachten, es sei ein Abkommen darüber, dass die Forts geräumt würden und wir im Gegenzug den Kampf einstellen sollten. Aber sie wollten uns Händler an den Missouri schicken. Wir wollten nicht zum Missouri reisen, sondern dass die Händler zu uns kommen. Als ich Washington erreicht hatte, erklärte mir der Große Vater* den Inhalt des Abkommens und machte mir klar, dass die Dolmetscher mich betrogen hatten. Ich verlange nur mein Recht und Gerechtigkeit. Ich habe versucht, vom Großen Vater zu bekommen, was richtig und gerecht ist. Es ist mir nicht gelungen. Ich möchte, dass ihr mir helft, das zu bekommen, was richtig und gerecht ist. Ich repräsentiere das gesamte Volk der Sioux, und alle werden sich daran halten, was ich sage. Ich bin nicht wie Spotted Tail**, der an einem Tag etwas verspricht und sich am

* Präsident Ulysses S. Grant
** Sinte Galeshka, Häuptling der Brulé-Sioux

nächsten Tag für eine Kleinigkeit kaufen lässt. Seht mich an. Ich bin arm und nackt, und doch bin ich der Häuptling meines Stammes. Wir wollen keine Reichtümer, wir wollen nur unsere Kinder gut großziehen. Reichtümer brächten uns keinen Segen. Wir könnten sie nicht mitnehmen in die andere Welt. Wir wollen keine Reichtümer, wir wollen Frieden und Liebe.

Die Reichtümer, die wir in dieser Welt haben, können wir nicht mit uns in die nächste Welt nehmen, wie Minister Cox[*] richtig gesagt hat. Dann möchte ich aber wissen, warum man Beamte zu uns schickt, die nichts anderes tun als uns auszurauben und uns die Reichtümer dieser Welt wegzunehmen! Ich bin unter Händlern aufgewachsen, und jene, die früher zu uns kamen, behandelten mich gut und ich verstand mich gut mit ihnen. Sie brachten uns bei, uns wie sie zu kleiden und Tabak und Munition zu benutzen. Aber nach und nach schickte der Große Vater einen anderen Schlag Männer zu uns, Männer, die uns betrogen und Whisky tranken,

[*] Jacob D. Cox, Innenminister

Männer, die so schlecht waren, dass der Große Vater sie nicht bei sich haben wollte und sie deshalb zu uns schickte. Ich habe jede Menge Worte an den Großen Vater geschickt, aber sie haben ihn nie erreicht. Sie sind unterwegs verlorengegangen. Da ich fürchtete, die Worte, die ich kürzlich an den Großen Vater gerichtet habe, würden euch auch nicht erreichen, kam ich hierher, um persönlich mit euch zu sprechen; und jetzt gehe ich wieder nach Hause. Ich will, dass man Leute zu meinem Volk schickt, die wir kennen und denen wir vertrauen können. Ich bin froh, dass ich hergekommen bin. Ihr gehört in den Osten und ich gehöre in den Westen. Ich bin froh, dass ich hergekommen bin und dass wir uns gegenseitig verstehen konnten. Ich bin euch sehr dankbar, dass ihr mich angehört habt. Heute Nachmittag gehe ich nach Hause. Ich hoffe, ihr denkt an das, was ich euch gesagt habe. Ich sage euch allen von Herzen Lebewohl.

HÄUPTLING SITTING BULL (1875)

Seht, meine Freunde, der Frühling ist da. Die Erde hat die Umarmungen der Sonne genossen, bald werden wir die Früchte ihrer Liebe sehen! Jedes Samenkorn, jedes Tier ist erwacht. Diese unbegreifliche Kraft gab auch uns das Leben. Darum gewähren wir unseren Nachbarn, Menschen wie Tieren, das gleiche Recht wie uns, dies weite Land zu bewohnen.

Doch hört, Freunde! Wir haben es jetzt mit einem anderen Volk zu tun. Als unsere Großväter die ersten von ihnen trafen, waren sie wenige und schwach, jetzt aber sind sie viele und übermächtig. Es mutet seltsam an, aber sie wollen den Boden umpflügen, und die Habgier ist ihre Krankheit. Diese Leute haben viele Gesetze gemacht. Die Reichen dürfen sie brechen, die Armen aber nicht! In ihrer Religion beten nur die Armen, die Reichen aber nicht! Sie erheben sogar den Zehnten von den Armen und Schwachen, um die Reichen und Mächtigen zu unterstützen. Sie ergreifen Besitz von unserer Mutter, der Erde, und halten uns, ihre Nachbarn, durch Zäune von ihr fern. Sie entstellen sie mit ihren Gebäuden und ihrem Abfall. Sie zwingen sie, zur Unzeit zu tragen, und wenn sie unfruchtbar geworden ist, geben sie ihr Medizin, damit sie erneut Frucht trägt. All dies ist ein Frevel.

Diese Nation ist wie ein Fluss, der im Frühjahr Hochwasser führt. Er tritt über die Ufer und zerstört alles, was ihm im Weg ist. Wir können nicht Seite an Seite wohnen. Vor sieben Jahren erst haben wir einen Vertrag[*] geschlossen, in dem sie uns versprachen, dass das Land der Büffel für immer uns gehört. Jetzt drohen sie, uns auch das noch zu nehmen. Meine Brüder, sollen wir nachgeben? Oder sollen wir ihnen sagen: »Wenn ihr das Land meiner Väter in Besitz nehmen wollt, müsst ihr mich zunächst töten!«

[*] Vertrag von Fort Laramie vom 6. November 1868

HÄUPTLING CRAZY HORSE (1877)

Ich war dem weißen Mann nicht feindlich ge-sinnt. Manchmal griffen meine jungen Männer feindliche Indianer an, die ihre Pferde gestohlen hatten. Sie taten es als Vergeltung. Wir hatten Büffel als Nahrung und ihre Felle nutzten wir als Kleidung und für unsere Tipis. Wir zogen die Jagd einem Leben in Untätigkeit in den Reservaten vor, in die man uns gegen unseren Willen getrieben hatte. Es gab Zeiten, da hatten wir nicht genug zu essen, und man erlaubte uns nicht, das Reservat zu verlassen, um auf die Jagd zu gehen. Wir bevorzugten unsere eigene Lebensweise. Damals verursachten wir der Regierung keine Kosten. Wir wollten nur Frieden und in Ruhe gelassen werden. Vergangenen Winter schickte man Soldaten zu uns, die unsere Dörfer verwüsteten.

Dann kam Long Hair* auf die gleiche Weise. Sie sagen, wir hätten ihn massakriert, aber er hätte dasselbe uns angetan, wenn wir uns nicht verteidigt und bis zum letzten Mann gekämpft hätten. Unser erster Gedanke war, mit unseren Frauen und Kindern zu fliehen, aber wir waren so eingekeilt, dass wir kämpfen mussten. Nach dieser Begebenheit ging ich mit einigen meiner Stammesbrüder hinauf zum Tongue River und lebte dort in Frieden. Aber die Regierung ließ mich nicht in Ruhe. Schließlich kehrte ich zur Red-Cloud-Agentur zurück. Aber noch immer gönnte man mir keine Ruhe. Ich war des Kämpfens müde. Ich ging zur Spotted-Tail-Agentur und bat den Häuptling und den zuständigen Indianerbeauftragten, mich dort in Frieden leben zu lassen. Ich kam mit dem Indianerbeauftragten** hierher, um mit dem Großen Weißen Häuptling zu sprechen, aber ich erhielt dazu keine Gelegenheit. Sie versuchten mich einzusperren, ich versuchte zu fliehen, und ein Soldat stieß mir sein Bajonett in den Leib. Ich habe gesprochen.

* General George Armstrong Custer
** Jesse Lee

HÄUPTLING JOSEPH (1879)

Meine Freunde, ihr habt mich eingeladen, euch mein Herz zu öffnen. Ich bin froh über diese Gelegenheit, denn ich möchte, dass die Weißen uns Indianer verstehen.

Einige von euch denken, Indianer seien wie wilde Tiere. Das ist ein großer Irrtum. Ich werde euch die Geschichte meines Stammes erzählen. Danach könnt ihr darüber urteilen, ob Indianer Menschen sind oder nicht.

Ich bin überzeugt, dass uns viel Leid erspart bleiben würde, wenn wir einander unsere Herzen mehr öffneten. Ich werde euch in meinen Worten erzählen, wie ein Indianer die Dinge sieht. Der weiße Mann besitzt mehr Worte, um von diesen Dingen zu erzählen. Doch um die Wahrheit zu sagen, bedarf es nicht vieler Worte.

Was ich zu sagen habe, kommt direkt aus meinem Herzen und ich werde mit gerader Zunge sprechen. Der Große Geist schaut auf mich herab und wird mich hören.

Mein Name ist In-mut-too-yah-lat-lat*. Ich bin Häuptling des Stammes der Wal-lam-wat-kin von Chute-pa-lu; man nennt uns auch Nez Percé. Ich wurde vor achtunddreißig Wintern im östlichen Oregon geboren.

Vor mir war mein Vater Häuptling. Als junger Mann gab ihm Mr. Spalding, ein Missionar, den Namen Joseph. Er ist vor einigen Jahren gestorben. Bis heute steht er in hohem Ansehen. Er war mir und unserem Stamm ein guter Ratgeber.

Unsere Väter gaben uns viele Gesetze, die sie von ihren Vätern übernommen hatten. Diese Gesetze waren gut. Sie lehrten uns, alle Menschen so zu behandeln, wie sie uns behandeln. Sie lehrten uns, nie als Erste gegen eine Abmachung zu verstoßen. Sie lehrten uns, dass es eine Schande sei zu lügen, und dass wir immer die Wahrheit sagen sollten. Sie lehrten uns, dass es

* Rollender Donner in den Bergen

beschämend sei, die Frau oder den Besitz eines anderen zu nehmen, ohne dafür zu bezahlen.

Sie lehrten uns den Glauben, dass der Große Geist alle Dinge sieht und hört, dass er niemals vergisst und dass er nach diesem Leben der Seele eines jeden Menschen die verdiente Heimat geben wird: den Guten eine gute, den Schlechten eine schlechte.

Daran glaube ich und daran glauben meine Stammesbrüder.

Wir wussten nicht, dass es außer Indianern noch andere Menschen gibt, bis vor ungefähr hundert Wintern einige Männer mit weißen Gesichtern in unser Land kamen. Sie führten viele Dinge mit sich, um sie gegen Pelze und Felle einzutauschen. Sie brachten Tabak, der etwas Neues für uns war. Sie brachten Gewehre mit Feuersteinen, vor denen sich unsere Frauen und Kinder fürchteten. Unsere Leute konnten mit diesen weißgesichtigen Männern nicht sprechen, sie verständigten sich aber mit Zeichen, die alle Menschen verstehen.

Diese Männer waren Franzosen und sie nannten unseren Stamm Nez Percé, weil wir Nasenringe als Schmuck trugen. Heute tragen nur noch wenige von uns solchen Schmuck, aber der Name ist geblieben.

Die französischen Trapper erzählten unseren Vätern sehr viele Dinge, die sich in unsere Herzen eingegraben haben. Manches davon war gut für uns, manches war schlecht.

Unsere Väter waren geteilter Meinung über diese Männer. Einige meinten, sie brächten mehr Schlechtes als Gutes. Ein Indianer ehrt den Tapferen, aber er verachtet den Feigling. Er liebt eine gerade Zunge und hasst die gespaltene Zunge. Von den französischen Trappern hörten wir manche Wahrheit und manche Lüge.

Die ersten weißen Männer eures Volkes, die in unser Land kamen, hießen Lewis und Clark. Auch sie brachten viele Dinge mit, die unsere Leute nie gesehen hatten. Sie sprachen aufrichtig mit uns und unser Stamm veranstaltete ein großes Festmahl für sie als Zeichen unserer Freundschaft.

Diese Männer waren sehr freundlich. Sie überreichten unseren Häuptlingen Geschenke und empfingen von uns Geschenke. Wir besaßen sehr viele Pferde und gaben ihnen, so viele sie brauchten. Dafür schenkten sie uns Gewehre und Tabak.

Alle Nez Percé schlossen Freundschaft mit Lewis und Clark und ließen sie durch ihr Land ziehen. Niemals wollten sie Krieg gegen die weißen Männer führen. Dieses Versprechen haben die Nez Percé nie gebrochen. Kein Weißer kann uns mit gerader Zunge der Arglist bezichtigen. Die Nez Percé waren immer stolz darauf, Freunde der Weißen zu sein.

Als mein Vater ein junger Mann war, kam ein Weißer* in unser Land, der vom Gesetz des Geistes sprach. Er gewann die Herzen der Menschen, weil er ihnen angenehme Dinge erzählte. Er sagte am Anfang nichts von weißen Männern, die unser Land besiedeln wollten. Davon war nie die Rede, bis vor zwanzig Wintern einige Weiße in unser Land kamen und Häuser und Höfe bauten.

In der ersten Zeit hatten unsere Leute nichts dagegen einzuwenden. Sie dachten, der Platz

* Reverend Henry H. Spalding

reiche für alle, um in Frieden miteinander zu leben. Sie dachten, sie könnten von den Weißen vieles lernen, das ihnen nützlich wäre.

Doch bald merkten wir, dass die Weißen sehr schnell reich wurden und habgierig auf alles schielten, was den Indianern gehörte. Mein Vater durchschaute als Erster ihre Absichten und mahnte seine Stammesbrüder zur Vorsicht, wenn sie mit Weißen Handel trieben. Er misstraute Männern, die anscheinend nur darauf aus waren, sich zu bereichern.

Ich war damals noch ein Kind, aber ich erinnere mich gut an den Argwohn meines Vaters. Er hatte einen schärferen Blick als seine Stammesbrüder.

Danach kam ein weißer Offizier*, der alle Nez Percé zu Vertragsverhandlungen einlud. Nachdem die Versammlung eröffnet war, ließ er uns in sein Herz blicken. Er sagte, es seien schon sehr viele Weiße in unserem Land und es würden noch viel mehr kommen. Er wolle das Land aufteilen, damit Indianer und Weiße getrennt wer-

* Isaac Stevens, Gouverneur des Territoriums Washington

den können. Wenn sie in Frieden leben wollten, sollte man den Indianern etwas Land geben und in diesem Land müssten sie dann bleiben.

Mein Vater, der seinen Stamm vertrat, weigerte sich, an der Versammlung weiter teilzunehmen, denn er wollte ein freier Mann sein. Er bestand darauf, dass kein Mensch irgendeinen Teil der Erde besitze. Niemand könne etwas verkaufen, das ihm nicht gehöre.

Mr. Spalding nahm meinen Vater beim Arm und sagte: »Komm, unterzeichne den Vertrag.«

Mein Vater stieß ihn weg und sagte: »Warum verlangst du von mir, auf mein Land zu verzichten? Deine Sache ist es, mit uns über Dinge des Geistes zu sprechen, und nicht darüber, unser Land zu verlassen.«

Gouverneur Stevens drängte meinen Vater, den Vertrag zu unterzeichnen, aber er weigerte sich. »Ich werde dein Papier nicht unterzeichnen«, sagte er. »Geh, wohin es dir gefällt, und ich werde dasselbe tun. Du bist kein Kind mehr. Ich bin kein Kind. Ich kann selbst entscheiden. Kein anderer kann für mich entscheiden. Ich habe keine andere Heimat als diese. Keinem anderen werde ich sie überlassen. Denn dann hätte mein Volk keine Heimat mehr. Steck dein Papier weg. Meine Hand wird es nicht berühren.«

Mein Vater verließ die Versammlung. Einige Häuptlinge anderer Nez-Percé-Stämme unterzeichneten den Vertrag und Gouverneur Stevens beschenkte sie mit Decken. Mein Vater ermahnte seinen Stamm, keine Geschenke anzunehmen. Er sagte: »Sonst heißt es später, ihr hättet Bezahlung für euer Land empfangen.«

Seitdem haben vier Unterstämme der Nez Percé jährliche Zahlungen von den Vereinigten Staaten erhalten. Mein Vater wurde zu vielen Versammlungen eingeladen und man versuchte mit allen Mitteln, ihn zur Vertragsunterzeichnung zu bewegen. Er aber blieb hart wie der Fels und gab seine Heimat nicht mit einer Unterschrift hin. Seine Weigerung sorgte für Streit unter den Nez Percé.

Acht Jahre später* fanden die nächsten Vertragsverhandlungen statt. Ein Häuptling, der Lawyer genannt wurde, weil er ein großer Red-

* 1863

ner war, führte die Verhandlungen und verkaufte fast das gesamte Land der Nez Percé.

Mein Vater war nicht dort. Er sagte zu mir: »Wenn du mit dem weißen Mann verhandelst, dann denke immer an dein Land. Gib es nicht her. Der weiße Mann will dich mit List aus deiner Heimat vertreiben. Niemals bin ich von den Vereinigten Staaten für irgendetwas bezahlt worden. Niemals habe ich unser Land verkauft.«

Diesen Vertrag hat Lawyer ohne die Zustimmung unseres Stammes unterzeichnet. Er hatte kein Recht, das Wallowa-Land* zu verkaufen. Dieses Land hat schon immer dem Unterstamm meines Vaters gehört und die anderen Nez Percé haben unser Recht darauf nie in Frage gestellt. Keine anderen Indianer haben Wallowa jemals für sich beansprucht.

Damit jeder sehen konnte, wie viel Land uns gehörte, stellte mein Vater Grenzpfähle auf und sagte: »Innerhalb dieser Grenzen liegt unser Stammland. Der weiße Mann kann sich das Land

---

* Wallowa bedeutet »Land des sich windenden Wassers« und liegt im Nordosten des heutigen Staates Oregon.

außerhalb nehmen. Unsere Leute wurden alle innerhalb dieser Grenzlinie geboren. Sie umschließt die Gräber unserer Väter. Niemals werden wir diese Gräber einem anderen überlassen.«

Die Vereinigten Staaten behaupteten, sie hätten das gesamte Land der Nez Percé außerhalb der Lapwai-Reservation von Lawyer und anderen Häuptlingen gekauft. Dennoch lebten wir weiterhin in Frieden auf diesem Land, bis vor acht Jahren weiße Männer die von meinem Vater gezogene Grenzlinie immer wieder überschritten.

Wir hielten ihnen diesen Rechtsbruch vor, doch sie wollten unser Land nicht verlassen und es gab Streit. Die Weißen stellten es so dar, als würden wir den Kriegspfad beschreiten. Sie erzählten viele falsche Dinge über uns.

Die Regierung der Vereinigten Staaten forderte erneut Vertragsverhandlungen. Mein Vater war inzwischen blind und schwach geworden. Er konnte seinen Stamm nicht länger vertreten. Damals nahm ich den Platz meines Vaters als Häuptling ein und hielt bei der Versammlung meine erste Rede an die Weißen.

Ich sagte zu dem Indianerbeauftragten, der die Versammlung abhielt: »Ich wollte zu dieser Versammlung nicht erscheinen. Nun bin ich doch gekommen in der Hoffnung, Blutvergießen zu verhindern. Der weiße Mann hat kein Recht, hierher zu kommen und uns unser Land zu nehmen. Wir haben von der Regierung niemals Geschenke angenommen. Weder Lawyer noch irgendein anderer Häuptling hatten das Recht, dieses Land zu verkaufen. Es hat immer unserem Stamm gehört. Unverändert haben wir es von unseren Vätern geerbt und wir werden dieses Land verteidigen, solange ein Tropfen Indianerblut die Herzen unserer Männer wärmt.«

Der Indianerbeauftragte sagte, der Große Weiße Häuptling in Washington habe angeordnet, dass wir in die Lapwai-Reservation übersiedeln. Wenn wir gehorchen, würde er uns mit vielem behilflich sein.

»Ihr müsst in die Reservation gehen«, sagte er.

Ich antwortete ihm: »Das werde ich nicht tun. Ich brauche deine Hilfe nicht. Wir haben genug und wir sind glücklich und zufrieden, wenn der weiße Mann uns in Ruhe lässt. Die Reservation ist zu klein für diese vielen Menschen und all ihr Hab und Gut. Behalte deine Geschenke. Wir können in eure Siedlungen gehen und für alles bezahlen, was wir brauchen. Wir haben viele Pferde und Rinder zu verkaufen und wir lassen uns von euch nicht helfen. Wir sind jetzt frei. Wir können gehen, wohin wir wollen. Unsere Väter wurden hier geboren. Hier haben sie gelebt, hier sind sie gestorben, hier liegen ihre Gräber. Wir werden sie niemals verlassen.«

Der Indianerbeauftragte ging fort und wir konnten eine Zeitlang in Frieden leben.

Kurz darauf ließ mein Vater mich rufen. Ich sah, dass er im Sterben lag. Ich nahm seine Hand. Er sagte: »Mein Sohn, mein Körper kehrt zur Mutter Erde zurück und mein Geist wird bald dem Großen Geist begegnen. Wenn ich fort bin, denke an dein Land. Du bist der Häuptling dieser Menschen. Sie erwarten, dass du sie führst. Denke immer daran, dass dein Vater dieses Land niemals verkauft hat. Verschließe deine Ohren, wann immer man dich dazu auffordert, einen Vertrag zu unterzeichnen, mit dem du deine Heimat verkaufst. In ein paar Jahren werden überall Weiße sein. Sie haben ein Auge auf dieses Land. Mein Sohn, vergiss nie meine letzten Worte. In diesem Land liegt die sterbliche Hülle deines Vaters begraben. Verkaufe niemals die Gebeine deines Vaters und deiner Mutter.«

Ich drückte die Hand meines Vaters und versprach ihm, sein Grab mit meinem Leben zu beschützen. Mein Vater lächelte und ging hinüber in das Land der Geister.

Ich begrub ihn in dem schönen Tal des sich windenden Wassers. Ich liebe diesen Flecken Erde mehr als jeden anderen Ort auf dieser Welt. Ein Mann, der das Grab seines Vaters nicht liebt, ist schlimmer als ein wildes Tier.

Für kurze Zeit lebten wir in Ruhe. Aber das ging nicht lange gut. Weiße Männer hatten in den Bergen rund um das Land des sich windenden Wassers Gold gefunden. Sie stahlen uns viele Pferde und wir bekamen sie nicht zurück, weil wir Indianer waren.

Ein weißer Mann log für den anderen. Sie trieben sehr viele unserer Rinder fort. Einige weiße Männer brandmarkten unsere Jungtiere, damit sie ihnen gehörten.

Wir hatten keinen Freund, der uns in dieser Sache vor Gericht vertreten hätte. Mir schien, dass einige der weißen Männer in Wallowa sich absichtlich so verhielten, um einen Krieg anzuzetteln. Sie wussten, dass wir nicht stark genug waren, um gegen sie zu kämpfen.

Ich versuchte mit aller Kraft, Streit und Blutvergießen zu verhindern. Wir traten Teile unseres Landes an die Weißen ab und dachten, dass wir dann endlich Frieden hätten.

Wir irrten uns. Der weiße Mann ließ uns nicht in Ruhe.

Wir hätten vielfach Gelegenheit gehabt, uns für das erlittene Unrecht zu rächen, aber wir haben es nicht getan. Wann immer uns die Regierung um Hilfe gegen andere Indianer bat, haben wir ihnen geholfen. Als die Weißen noch wenige und wir noch stark waren, hätten wir sie alle töten können, aber die Nez Percé wollten in Frieden leben.

Dass dies nicht möglich war, war nicht unsere Schuld. Ich glaube, dass der alte Vertrag nie genau übersetzt wurde. Wenn uns dieses Land jemals gehört hat, dann gehört es uns noch immer, denn wir haben es nie verkauft.

Bei den Vertragsverhandlungen behaupteten die Indianerbeauftragten stets, unser Land sei an die Regierung verkauft worden. Nehmen wir an, ein Weißer käme zu mir und sagte: »Joseph, mir gefallen deine Pferde und ich möchte sie kaufen.«

Ich antworte: »Nein, ich bin zufrieden mit diesen Pferden. Ich werde sie nicht verkaufen.«

Dann geht er zu meinem Nachbarn und sagt: »Joseph hat ein paar gute Pferde. Ich möchte sie kaufen, aber er will sie nicht hergeben.«

Mein Nachbar antwortet: »Gib mir das Geld, ich werde dir Josephs Pferde verkaufen!«

Der weiße Mann kommt wieder zu mir und sagt: »Joseph, ich habe deine Pferde gekauft, du musst sie mir geben.«

Sollten wir der Regierung unser Land tatsächlich verkauft haben, dann wurde es auf diese Art gekauft.

Auf der Grundlage eines Vertrages, den die anderen Stämme der Nez Percé mit ihnen geschlossen hatten, erhoben die Weißen Anspruch auf mein Land. Wir waren sehr beunruhigt, als viele weiße Männer über die Grenze in unser Land kamen. Einige von ihnen waren gut und wir lebten in Frieden miteinander. Aber nicht alle von ihnen waren gut.

Der Indianerbeauftragte kam fast jedes Jahr von Lapwai zu uns herüber und ordnete an, dass wir in die Reservation gehen. Stets antworteten wir, dass wir mit unserem Leben im Wallowa-Tal zufrieden seien. Wir achteten darauf, keine Geschenke oder Jahreszahlungen von ihm anzunehmen.

All die Jahre seit der Ankunft der Weißen in Wallowa wurden wir von ihnen und den mit ihnen verbündeten Nez Percé bedroht und verhöhnt. Sie ließen uns nicht in Ruhe.

Wir hatten ein paar gute Freunde unter den Weißen, die uns immer wieder rieten, diese Schmähungen kampflos zu ertragen. Unsere jungen Männer waren Hitzköpfe und ich hatte große Mühe, sie davon abzuhalten, vorschnell zu handeln.

Seit ich ein Junge war, trage ich eine schwere Last auf meinen Schultern. Damals erfuhr ich, dass wir nur wenige waren, die Weißen aber viele, und dass wir uns gegen sie nicht behaupten konnten.

Wir waren wie Rehe. Sie wie Grizzlybären.

Wir besaßen ein kleines Land. Ihr Land war groß.

Wir waren damit zufrieden, alles so zu lassen, wie es der Große Geist erschaffen hat. Sie waren es nicht und veränderten sogar die Flüsse und die Berge, wenn sie ihnen nicht gefielen.

Jahr für Jahr wurden wir bedroht, aber man führte nie Krieg gegen mein Volk, bis vor zwei Jahren General Howard in unser Land kam und uns mitteilte, er sei der weiße Kriegshäuptling des gesamten Landes. Er sagte: »Ich habe sehr viele Soldaten, die für mich kämpfen. Ich werde sie herbringen und dann wieder mit euch reden. Ich werde dafür sorgen, dass die Weißen mich nicht auslachen, wenn ich das nächste Mal komme. Das Land gehört der Regierung und ich werde euch zwingen, in die Reservation zu gehen.«

Ich protestierte dagegen, dass weitere Solda-ten in das Land der Nez Percé kommen sollten. In Fort Lapwai waren schon die ganze Zeit über Truppen stationiert.

Im nächsten Frühjahr schickte der Indianer-beauftragte von Umatilla einen indianischen

Läufer zu mir mit der Aufforderung, General Howard in Fort Walla Walla zu treffen. Ich konnte selbst nicht hingehen, schickte aber meinen Bruder und fünf weitere Unterhäuptlinge zu dem Treffen. Sie führten ein langes Gespräch.

General Howard sagte: »Ihr habt aufrichtig gesprochen, das ist gut. Ihr könnt in Wallowa bleiben.«

Er bestand darauf, dass mein Bruder ihn nach Fort Lapwai begleitete. Als die Gruppe dort angekommen war, schickte General Howard Läufer aus und rief alle Indianer zu einer großen Versammlung ein. Bei dieser Versammlung war auch ich anwesend.

Ich sagte zu General Howard: »Wir sind bereit zu hören.«

Er entgegnete, dass er nicht gleich, sondern erst am nächsten Tag auf einer Versammlung offen mit uns sprechen würde.

Ich sagte zu General Howard: »Ich bin heute zum Gespräch bereit. Ich habe an sehr vielen Versammlungen teilgenommen, aber ich bin dadurch nicht klüger geworden. Wir alle wurden von einer Frau geboren, auch wenn wir in vielen

Dingen verschieden sind. Wir können nicht noch
einmal geboren werden. Du bist, wie du erschaffen wurdest, und wie du erschaffen wurdest,
darfst du bleiben. Auch wir sind, wie der Große
Geist uns erschaffen hat, und du kannst uns nicht
ändern. Warum sollten sich Kinder einer Mutter
und eines Vaters streiten? Warum sollten sie ver-
suchen, einander zu betrügen? Ich glaube nicht,
dass der Große Geist der einen Gruppe von Menschen das Recht gegeben hat, der anderen Gruppe
von Menschen zu sagen, was sie tun muss.«

General Howard entgegnete: »Stellst du etwa
meine Autorität in Frage? Willst du mir etwa
Vorschriften machen?«

Daraufhin erhob sich einer meiner Unterhäuptlinge, Too-hool-hool-suit, und antwortete
ihm: »Der Große Geist schuf die Erde so, wie sie
ist und wie er sie haben wollte, und einen Teil
davon schuf er, damit wir dort leben können.
Ich verstehe nicht, mit welcher Autorität du
sagst, wir dürften an dem Ort nicht leben, den
Er uns zugewiesen hat.«

General Howard verlor die Beherrschung
und rief: »Halt den Mund! Ich will dieses Gere-

de nicht mehr hören! Das Gesetz sagt, dass ihr in der Reservation leben sollt, und ich will, dass ihr euch danach richtet! Ihr aber missachtet beharrlich das Gesetz! Wenn ihr nicht umsiedelt, dann nehme ich die Sache selbst in die Hand und lasse euch für euren Widerstand büßen.«

Too-hool-hool-suit antwortete: »Wer bist du, dass du uns zum Gespräch bittest und mir dann das Wort verbietest? Bist du der Große Geist? Hast du die Welt erschaffen? Hast du die Sonne gemacht? Bist du es, der die Flüsse fließen lässt, damit wir zu trinken haben? Hast du das Gras gemacht, damit es wächst? Hast du all diese Dinge gemacht und redest deshalb mit uns, als wären wir Kinder? Wenn all dies dein Werk ist, dann hast du das Recht, so zu reden.«

General Howard antwortete: »Du bist ein unverschämter Kerl, ich werde dich einsperren lassen!« Dann befahl er einem Soldaten, ihn festzunehmen.

Too-hool-hool-suit leistete keinen Widerstand. Er fragte General Howard: »Ist das dein Befehl? Es macht mir nichts aus. Ich habe dich in mein Herz blicken lassen. Ich nehme nichts

davon zurück. Ich habe für mein Land gesprochen. Du kannst mich einsperren, aber du
kannst mich nicht ändern oder zwingen, meine
Worte zurückzunehmen.«

Die Soldaten traten heran, nahmen meinen
Freund fest und führten ihn zur Wache. Meine
Männer beratschlagten flüsternd, ob sie das zu-
lassen sollten.

Ich riet ihnen, sich zu fügen. Ich wusste:
Wenn wir uns wehrten, wären alle weißen Männer hier, einschließlich General Howard, auf der
Stelle tot und man würde uns dafür zur Verantwortung ziehen. Wenn ich geschwiegen hätte,
wäre das General Howards letzter ungerechter
Befehl gegen meine Männer gewesen.

Ich sah die Gefahr, und während sie Too-
hool-hool-suit zum Gefängnis schleiften, stand
ich auf und sagte: »Jetzt werde ich reden. Es ist
mir egal, ob du mich einsperrst oder nicht.«

Ich wandte mich an meine Leute und sagte:
»Es war falsch, dass Too-hool-hool-suit gefangen genommen wurde, aber wir werden die Be-
leidigung nicht übel nehmen. Wir wurden zu
dieser Versammlung gerufen, um unsere Herzen

zu öffnen, und das haben wir getan.« Too-hool-
hool-suit saß fünf Tage im Gefängnis, bevor
man ihn wieder freiließ.

Die Versammlung wurde für diesen Tag auf-
gelöst. Am nächsten Morgen kam General Howard in mein Zelt und lud mich ein, mit ihm und
White Bird und Looking Glass nach Land für
meinen Stamm zu suchen.

Unser Ritt führte uns in gutes Land, das bereits von Indianern und Weißen bewohnt war.
General Howard zeigte darauf und sagte: »Wenn
ihr in die Reservation kommt, gebe ich euch
dieses Land und siedle diese Leute um.«

Ich erwiderte: »Nein. Es wäre falsch, diese
Leute zu stören. Ich habe kein Recht, ihre Häuser zu nehmen. Ich habe niemals etwas genommen, was mir nicht gehörte. Das werde ich auch
jetzt nicht tun.«

Den ganzen Tag ritten wir durch die Reservation, fanden aber nirgends gutes, unbewohntes
Land. Von Männern, die nicht lügen, habe ich
erfahren, dass General Howard noch in derselben Nacht einen Brief schrieb, worin er den Soldaten in Fort Walla Walla befahl, ins Wallowa-

Tal zu gehen und uns gleich nach unserer Rückkehr aus unserer Heimat zu vertreiben.

Während der Versammlung am nächsten Tag teilte mir General Howard hochmütig mit, dass meine Leute dreißig Tage Zeit hätten, um nach Hause zu gehen, das Vieh zusammenzutreiben und in die Reservation umzusiedeln. Er sagte: »Wenn ihr nicht rechtzeitig hier seid, werde ich das als Kriegserklärung betrachten und meine Soldaten schicken, um euch anzutreiben.«

Ich antwortete: »Krieg kann vermieden werden und Krieg sollte vermieden werden. Ich will keinen Krieg. Meine Leute waren immer Freunde des weißen Mannes. Warum hast du es so eilig? Wir sind nicht in dreißig Tagen zum Aufbruch bereit. Unser Vieh ist über das ganze Land verstreut und der Snake River steht sehr hoch. Lass uns bis zum Herbst warten. Dann führt der Fluss wenig Wasser. Wir brauchen Zeit, um unser Vieh einzufangen und Vorräte für den Winter zu sammeln.«

General Howard erwiderte: »Wenn ihr die Frist auch nur um einen Tag überschreitet, werden die Soldaten euch in die Reservation treiben. Alle eure Rinder und Pferde, die dann noch außerhalb der Reservation sind, fallen in die Hände der weißen Männer.«

Ich wusste, dass ich mein Land nie verkauft hatte und in Lapwai kein Land besaß. Aber ich wollte kein Blutvergießen. Ich wollte nicht, dass meine Leute getötet würden. Ich wollte nicht, dass überhaupt irgendjemand getötet würde.

Einige meiner Männer waren von Weißen ermordet worden und die weißen Mörder wurden nie dafür bestraft. Das teilte ich General Howard mit und sagte noch einmal, dass ich gegen Krieg war. Ich wollte, dass die Bewohner des Gebietes in Lapwai, in dem wir uns ansiedeln sollten, Zeit hätten, ihre Ernte einzubringen.

In meinem Herzen sagte ich mir, ich würde eher mein Land aufgeben als Krieg führen. Ich würde das Grab meines Vaters dafür hergeben. Ich würde alles dafür geben, um zu verhindern, dass an den Händen meines Volkes das Blut der weißen Männer haftet.

General Howard weigerte sich, mir mehr als dreißig Tage für die Übersiedelung meiner Leute und ihrer Herden zu gewähren. Ich bin mir sicher, dass er sofort begann, sich für den Krieg zu rüsten.

Als ich nach Wallowa zurückkehrte, fand ich meine Leute in heller Aufregung. Sie hatten entdeckt, dass die Soldaten bereits im Tal waren. Wir hielten Rat und beschlossen, sofort aufzubrechen, um ein Blutvergießen zu verhindern.

Too-hool-hool-suit, den seine Gefangenschaft sehr erzürnt hatte, redete dem Krieg das Wort und überzeugte viele meiner jungen Männer, dass es besser sei zu kämpfen als sich wie Hunde aus dem Land jagen zu lassen, in dem sie geboren wurden. Er verkündete, dass Blut allein die Schande fortspülen könne, die General Howard ihm angetan hatte. Es brauchte ein starkes Herz, um solchen Worten zu widerstehen, aber ich beschwor mein Volk, Ruhe zu bewahren und keinen Krieg zu beginnen.

Wir trieben alles Vieh zusammen, das wir finden konnten, und wagten den Aufbruch. Viele unserer Pferde und Rinder ließen wir in Wallowa zurück, mehrere hundert verloren wir, als wir den Fluss überquerten. Alle meine Leute gelangten sicher ans andere Ufer.

Ein großer Teil der Nez Percé traf sich in Rocky Canyon zu einer großen Versammlung. Ich ging mit allen meinen Leuten hin. Die Versammlung dauerte zehn Tage. Es war ziemlich viel von Krieg die Rede, alle waren in großer Aufregung. Ein junger Krieger war dort, dessen Vater vor fünf Jahren von einem Weißen getötet worden war. Dieser Mann hegte einen tiefen Groll gegen die Weißen und verließ die Versammlung mit dem Ruf nach Vergeltung.

Wieder riet ich zum Frieden und dachte, die Gefahr sei damit vorüber.

Wir waren General Howards Befehl nicht gefolgt, weil wir nicht konnten, aber es sollte so bald wie möglich geschehen. Ich wollte gerade die Versammlung verlassen, um für meine Familie Rinder zu schlachten, als die Nachricht eintraf, dass der junge Mann, dessen Vater getötet worden war, zusammen mit anderen heißblütigen jungen Kriegern vier Weiße getötet habe.

Er ritt auf die Versammlung zu und rief: »Was sitzt ihr hier herum wie die Weiber? Der Krieg hat längst begonnen!«

Ich war tief betrübt. Alle Zelte bis auf das meines Bruders und mein eigenes waren fort. Als ich erfuhr, dass die jungen Männer meines Stammes heimlich Munition gekauft hatten, war mir klar, dass der Krieg begonnen hatte. Dann hörte ich, dass es Too-hool-hool-suit, den General Howard eingesperrt hatte, gelungen war, einen Kriegstrupp aufzustellen.

Ich wusste, ihr Handeln würde auf mein ganzes Volk zurückfallen. Ich sah, dass der Krieg nicht mehr zu verhindern war. Die Zeit war vorbei.

Ich hatte von Anfang an zum Frieden geraten. Ich wusste, dass wir zu schwach waren, um gegen die Vereinigten Staaten zu kämpfen. Wir hatten viel zu beklagen, aber ich wusste, dass ein Krieg noch mehr Leid bringen würde.

Wir hatten gute Freunde unter den Weißen, die uns vom Kriegspfad abrieten. Mein Freund und Bruder Mr. Chapman*, der uns seit unserer Kapitulation begleitet, sagte uns voraus, wie der Krieg enden würde. Mr. Chapman ergriff gegen

* Dolmetscher

uns Partei und unterstützte General Howard. Ich mache ihm deswegen keinen Vorwurf. Er bemühte sich nach Kräften, ein Blutvergießen zu verhindern.

Wir hofften, dass sich die weißen Siedler nicht mit den Soldaten verbünden würden. Bevor der Krieg begann, hatten wir lange darüber gesprochen und viele meiner Leute waren dafür gewesen, die Siedler zu warnen, dass wir sie nur dann in Ruhe lassen würden, wenn sie sich an einem von General Howard angezettelten Krieg nicht beteiligten.

Dieser Vorschlag fand im Kriegsrat keine Mehrheit.

Es gab schlechte Männer in meinem Volk, die sich mit Weißen gestritten hatten, und sie sprachen so lange von dem erlittenen Unrecht, bis sie alle bösen Herzen im Kriegsrat aufgestachelt hatten. Aber ich glaubte noch immer nicht, dass sie den Krieg beginnen würden.

Ich weiß, dass die jungen Männer aus meinem Stamm großes Unrecht begangen haben, aber ich frage: Wer hat damit angefangen? Sie sind tausendfach beleidigt worden. Ihre Väter und Brüder sind getötet worden. Ihre Mütter und Frauen sind geschändet worden. Der Whiskey, den weiße Männer ihnen verkauft haben, hat sie in den Wahnsinn getrieben. General Howard hat ihnen mitteilen lassen, dass alle Pferde und Rinder, die sie in Wallowa zurücklassen mussten, in die Hände der weißen Männer fallen. Außerdem waren sie heimatlos und verzweifelt.

Ich hätte mein Leben dafür gegeben, das Töten weißer Männer durch meine eigenen Leute ungeschehen zu machen.

Ich mache den jungen Männern Vorwürfe und ich mache den Weißen Vorwürfe. Ich werfe General Howard vor, dass er uns keine Zeit ließ, unser gesamtes Vieh aus Wallowa mitzunehmen. Ich erkenne nicht an, dass er zu irgendeiner Zeit das Recht hatte, mir zu befehlen, Wallowa zu verlassen. Ich bestreite, dass mein Vater oder ich dieses Land jemals verkauft haben. Es ist noch immer unser Land. Vielleicht wird es nie wieder unsere Heimat sein, aber mein Vater ruht dort und ich liebe es, wie ich meine Mutter liebe. Ich ging von dort weg in der Hoffnung, dadurch Blutvergießen zu verhindern.

Wenn General Howard mir genug Zeit gelassen hätte, meine Herden zusammenzutreiben, und wenn er Too-hool-hool-suit so behandelt hätte, wie man einen Mann behandeln soll, wäre es nicht zum Krieg gekommen.

Meine weißen Freunde geben mir die Schuld an diesem Krieg. Ich trage keine Schuld daran. Als meine jungen Männer anfingen zu töten, blutete mir das Herz. Auch wenn ich sie nicht verteidigte, dachte ich an all die Beleidigungen, die ich ertragen hatte, und mein Blut kochte. Dennoch hätte ich mein Volk lieber ohne Kampf ins Büffelland geführt. Ich sah keinen anderen Weg, um einen Krieg zu verhindern.

Wir zogen zum White Bird Creek, sechzehn Meilen entfernt. Dort schlugen wir unsere Zelte auf, um vor dem Weitermarsch unsere Herden zusammenzutreiben. Aber die Soldaten griffen uns an und es kam zur ersten Schlacht.

Wir kämpften mit sechzig Mann, die Soldaten mit hundert. Der Kampf dauerte nur ein paar Minuten, dann zogen sich die Soldaten bis auf zwölf Meilen vor uns zurück. Dreiunddreißig ihrer Männer wurden getötet und sieben verwundet.

Wenn ein Indianer kämpft, dann schießt er nur, um zu töten. Soldaten schießen wahllos. Keiner von ihnen wurde skalpiert. Wir halten nichts davon, den Skalp zu nehmen oder verwundete Männer zu töten. Soldaten töten im Kampf nicht viele Indianer, es sei denn, sie sind verwundet und wurden auf dem Schlachtfeld zurückgelassen. Dann erst töten sie Indianer.

Sieben Tage nach der ersten Schlacht kam General Howard in das Land der Nez Percé und brachte siebenhundert weitere Soldaten mit. Von da an herrschte wirklich Krieg.

Wir überquerten den Salmon River in der Hoffnung, General Howard würde uns folgen. Wir wurden nicht enttäuscht. Er folgte uns tatsächlich und wir ließen uns hinter ihn zurückfallen und schnitten ihn drei Tage lang von seinem Vorratslager ab.

Er schickte zwei Kompanien aus, um den Weg freizumachen. Wir griffen sie an und töteten einen Offizier, zwei Späher und zehn Soldaten.

Dann zogen wir uns zurück und hofften, die Soldaten würden uns folgen. Aber sie hatten für diesen Tag genug vom Kämpfen und verschanzten sich. Am nächsten Tag griffen wir sie erneut an. Die Schlacht dauerte den ganzen Tag und wurde am nächsten Morgen fortgesetzt. Wir töteten vier Männer und verwundeten sieben oder acht.

Etwa zu dieser Zeit durchschaute General Howard, dass wir hinter ihm lagen. Fünf Tage später griff er uns mit dreihundertfünfzig Soldaten und Siedlern an. Wir hatten zweihundertfünfzig Krieger.

Der Kampf dauerte siebenundzwanzig Stunden. Wir hatten vier Tote und mehrere Verwundete. General Howards Verluste lagen bei neunundzwanzig Toten und sechzig Verwundeten.

Am nächsten Tag griffen die Soldaten uns an und wir zogen uns mit unseren Familien und Herden einige Meilen zurück. Dabei fielen General Howard achtzig Zelte in die Hände.

Da unsere Gegner in der Überzahl waren, zogen wir uns ins Bitterroot-Tal zurück. Dort überfiel uns eine andere Truppe und forderte uns zur Kapitulation auf.

Wir weigerten uns.

Sie sagten: »Ihr kommt nicht an uns vorbei.«

Wir entgegneten: »Wenn ihr uns lasst, ziehen wir ohne zu kämpfen an euch vorbei. Aber wir machen es so oder so.«

Wir schlossen einen Vertrag mit den Soldaten. Wir versprachen, niemanden zu belästigen, und sie versprachen, dass wir in Frieden durch das Land von Bitterroot ziehen durften.

Wir kauften Vorräte und handelten Vieh mit den weißen Männern, die dort lebten.

Wir dachten, der Krieg sei vorüber. Wir hatten vor, friedlich ins Büffelland zu ziehen und die Rückkehr in unser Land später zu beratschlagen.

In dieser Annahme reisten wir vier Tage lang weiter. Da wir den Krieg für beendet hielten, machten wir sogar Rast, um neue Zeltstangen für die Reise zu schnitzen.

Dann brachen wir wieder auf. Zwei Tage später sahen wir drei weiße Männer an unserem Lager vorbeireiten. Da wir glaubten, Frieden geschlossen zu haben, machten wir ihnen keine Schwierigkeiten. Wir hätten sie töten oder gefangen nehmen können, aber wir hatten sie nicht in Verdacht, tatsächlich Späher zu sein.

In dieser Nacht umstellten die Soldaten unser Lager. Bei Tagesanbruch verließ einer meiner Männer das Lager, um nach seinen Pferden zu sehen. Als die Soldaten ihn sahen, schossen sie ihn nieder wie einen Kojoten.

Heute weiß ich, dass es nicht die Soldaten waren, die wir hinter uns gelassen hatten. Diese waren aus einer anderen Richtung gekommen.

Der neue weiße Kriegshäuptling hieß Gibbon. Er überfiel uns, als einige meiner Leute noch schliefen. Es war ein schwerer Kampf. Einige meiner Männer schlichen sich an den Soldaten vorbei und griffen sie von hinten an. Wir verloren in dieser Schlacht fast alle unsere Zelte, aber schließlich drängten wir General Gibbon zurück.

Als er merkte, dass er uns nicht besiegen konnte, wollte er aus seinem Lager, das ein paar Meilen entfernt war, seine Kanonen holen lassen. Doch meine Männer hatten sie mitsamt der Munition in ihre Gewalt gebracht.

Wir zerschlugen die Kanonen, so gut es ging, und schafften Pulver und Blei beiseite.

Im Kampf mit General Gibbon verloren wir fünfzig Frauen und Kinder und dreißig Krieger. Wir blieben so lange, bis wir unsere Toten begraben hatten. Die Nez Percé führen niemals Krieg gegen Frauen und Kinder. Wir hätten im Laufe dieses Krieges sehr viele Frauen und Kinder töten können, aber wir würden uns schämen, etwas so Feiges zu tun.

Wir skalpieren unsere Feinde nie. Doch als General Howard kam und sich mit General Gibbon verbündete, gruben ihre indianischen Späher unsere Toten wieder aus und nahmen ihren Skalp. Man hat mir gesagt, dass General Howard diese große Schandtat nicht selbst befahl.

So schnell wir konnten, zogen wir uns in Richtung Büffelland zurück. Sechs Tage später kam General Howard uns gefährlich nahe. Wir griffen ihn an und erbeuteten fast alle seine Pferde und Maultiere. Dann zogen wir weiter in Richtung Yellowstone-Becken.

Unterwegs nahmen wir einen weißen Mann und zwei weiße Frauen gefangen. Nach drei Tagen ließen wir sie wieder frei. Wir haben sie gut behandelt. Die Frauen wurden nicht entehrt.

Können mir weiße Soldaten einen einzigen Fall nennen, in dem indianische Frauen drei Tage lang gefangen gehalten und unberührt wieder freigelassen wurden? Wurden die Frauen der Nez Percé, die General Howards Soldaten in die Hände fielen, mit derselben Achtung behandelt? Ich bestreite, dass ein Nez Percé sich jemals eines solchen Verbrechens schuldig gemacht hat.

Einige Tage später nahmen wir zwei weitere weiße Männer gefangen. Einer von ihnen stahl ein Pferd und floh. Dem anderen gaben wir ein schlechtes Pferd und sagten ihm, er sei frei.

Ein Gewaltmarsch von neun Tagen führte uns zur Mündung des Clarks Fork am Yellowstone River. Wir wussten nicht, was mit General Howard passiert war, nahmen aber an, dass er neue Pferde und Maultiere holen ließ.

Er tauchte nicht auf, doch ein weiterer neuer Kriegshäuptling, General Sturgis, griff uns an. Wir hielten ihn in Schach, während wir unsere Frauen und Kinder und unsere Herden außer Gefahr brachten. Ein paar Männer ließen wir zurück, sie gaben uns Deckung für unseren Rückzug.

Einige Tage vergingen, an denen wir nichts von Howard, Gibbon oder Sturgis hörten. Wir hatten einen nach dem anderen zurückgeschlagen und begannen uns gerade sicher zu fühlen, als eine weitere Armee unter General Miles uns angriff. Es war die vierte Armee, der wir uns innerhalb von sechzig Tagen stellen mussten. Jede einzelne von ihnen war uns an Kampfstärke weit überlegen.

Wir wussten bis kurz vor seinem Angriff nichts von General Miles' Armee. Er riss unser Lager auseinander und erbeutete fast alle unsere Pferde.

Etwa siebzig Männer, mich eingeschlossen, wurden vom Lager getrennt. Meine kleine zwölfjährige Tochter war bei mir. Ich gab ihr ein Seil und sagte ihr, sie solle ein Pferd einfangen und sich den anderen anschließen, die von uns abgeschnitten waren. Ich habe sie seitdem nicht mehr gesehen, hörte aber, dass sie lebt und dass es ihr gut geht.

Ich dachte an meine Frau und meine Kinder, die jetzt von Soldaten umzingelt waren, und ich beschloss, zu ihnen durchzukommen oder zu sterben.

Mit einem Gebet an den Großen Geist und Herrscher auf den Lippen galoppierte ich unbewaffnet durch die vorderste Reihe der Soldaten. Von allen Seiten schienen Gewehre auf mich gerichtet, hinten, vorne, rechts, links.

Meine Kleider wurden in Stücke gerissen und mein Pferd wurde verwundet, aber ich blieb unverletzt. Als ich den Eingang zu meinem Zelt erreichte, gab meine Frau mir mein Gewehr und rief: »Hier ist dein Gewehr. Kämpfe!«

Die Soldaten feuerten ohne Unterbrechung.

Sechs meiner Männer wurden direkt neben mir getötet. Zehn oder zwölf Soldaten stürmten unser Lager und eroberten zwei Zelte. Sie töteten drei Nez Percé und verloren selbst drei Mann, die innerhalb unserer Reihen fielen.

Ich befahl meinen Männern, sie zurückzudrängen.

Wir kämpften aus nächster Nähe, nicht mehr als zwanzig Schritte voneinander entfernt, und drängten die Soldaten bis zu ihrer Hauptlinie zurück, ohne dass sie noch Zugriff auf ihre Toten gehabt hätten.

Wir sicherten uns ihre Waffen und Munition. Am ersten Tag und in der folgenden Nacht verloren wir achtzehn Männer und drei Frauen. General Miles' Verluste lagen bei sechsundzwanzig Toten und vierzig Verwundeten.

Am nächsten Tag schickte General Miles unter dem Schutz einer weißen Fahne einen Boten in mein Lager. Ich beauftragte meinen Freund Yellow Bull, ihn zu treffen.

Yellow Bull verstand den Boten so, dass General Miles mich bat, die Lage zu überdenken, da er meine Leute nicht unnötig töten wollte. Yellow Bull hielt es für eine Aufforderung zur Kapitulation, um weiteres Blutvergießen zu verhindern.

Als er mir diese Nachricht überbrachte, sagte Yellow Bull, er frage sich, ob es General Miles ernst damit sei. Ich schickte ihn mit der Antwort zurück, dass ich über meine Entscheidung noch einmal nachdenken wollte, ihm aber bald Bescheid geben würde.

Kurz darauf schickte er einige Cheyenne-Späher mit einer weiteren Nachricht. Ich ging ihnen entgegen.

Sie sagten, sie hielten General Miles für glaubwürdig und er wolle tatsächlich Frieden.

Ich ging zu General Miles' Zelt. Er kam mir entgegen und wir reichten uns die Hände. Er sagte: »Komm, wir setzen uns ans Feuer und besprechen alles in Ruhe.«

Ich blieb die ganze Nacht über bei ihm. Am nächsten Morgen kam Yellow Bull, um nachzusehen, ob ich noch lebte und warum ich nicht zurückkam.

General Miles ließ nicht zu, dass ich das Zelt verließ, um allein mit meinem Freund zu sprechen.

Yellow Bull sagte zu mir: »Sie haben dich in ihrer Gewalt und ich fürchte, sie werden dich nicht wieder gehen lassen. In unserem Lager ist ein Offizier, den werde ich so lange festhalten, bis sie dich freilassen.«

Ich sagte: »Ich weiß nicht, was sie mit mir vorhaben. Aber du darfst den Offizier nicht töten, selbst wenn sie mich umbringen. Es ist sinnlos, meinen Tod mit seinem Tod zu rächen.«

Yellow Bull kehrte in mein Lager zurück.

An diesem Tag kam es zu keiner Vereinbarung zwischen mir und General Miles. Der Kampf ging weiter, während ich noch bei ihm war. Ich war in großer Sorge um meine Leute. Ich wusste, dass wir uns in der Nähe von Sitting Bulls Lager im King-George-Land befanden, und ich dachte, dass vielleicht die entkommenen Nez Percé mit Verstärkung zurückkehren würden. Keine der beiden Parteien erlitt in dieser Nacht große Verluste.

Am nächsten Morgen ging ich laut gegenseitiger Abmachung in mein Lager zurück und begegnete bei der Parlamentärflagge dem Offizier, der in meinem Lager gefangen gehalten worden war.

Meine Leute waren geteilter Meinung über eine Kapitulation. Wir hätten aus den Bear Paw Mountains entkommen können, wenn wir unsere Verwundeten, Alten und Kinder dort zurückgelassen hätten. Aber das wollten wir nicht. Wir hatten nie davon gehört, dass ein verwundeter Indianer in den Händen der Weißen wieder gesund geworden wäre.

Am Abend des vierten Tages traf General Howard bei uns ein, begleitet von einer kleinen

Eskorte und zusammen mit meinem Freund Chapman. Mit seiner Hilfe konnten wir uns gut verständigen.

General Miles sagte mir in klaren Worten: »Wenn ihr aufgebt und eure Waffen niederlegt, werde ich euch am Leben lassen und in eure Reservation schicken.« Ich weiß nicht, was zwischen General Miles und General Howard vorgefallen war.

Ich konnte den Anblick meiner verwundeten Männer und Frauen nicht länger ertragen. Wir hatten schon genug Leute verloren.

General Miles hatte versprochen, dass wir mit dem, was von unseren Herden übrig war, in unsere Heimat zurückkehren dürften. Ich dachte, dass wir uns dort wieder etwas aufbauen könnten. Ich vertraute General Miles, sonst hätte ich niemals kapituliert.

Ich habe gehört, er sei für sein Versprechen, wir könnten nach Lapwai zurückkehren, getadelt worden. Anders aber wäre er damals nicht mit mir einig geworden, sonst hätte ich ihn festgehalten, bis meine Freunde mir zu Hilfe gekommen wären. Dann hätten weder die Generäle noch ihre Soldaten die Bear Paw Mountains jemals wieder lebend verlassen.

Am fünften Tag ging ich zu General Miles, legte mein Gewehr nieder und sagte: »Von da, wo die Sonne jetzt steht, werde ich nie wieder kämpfen.«

Meine Leute brauchten Ruhe. Wir wollten Frieden.

Man sagte mir, wir könnten mit General Miles zum Tongue River ziehen und dort bis zum Frühjahr bleiben. Dann würde man uns in unser Land zurückschicken.

Schließlich stand fest, dass man uns zum Tongue River bringen würde. Wir hatten dazu nichts zu sagen. Nach unserer Ankunft am Tongue River erhielt General Miles den Befehl, uns nach Bismarck zu bringen. Die Begründung war, dass der Unterhalt dort billiger sei.

General Miles war mit diesem Befehl nicht einverstanden. Er sagte: »Ihr dürft nicht mir die Schuld dafür geben. Ich habe versucht, mein Wort zu halten, aber der Häuptling, der über mir steht, hat den Befehl erteilt und ich muss gehorchen oder zurücktreten. Das wäre auch für euch nicht gut. Dann würde irgendein anderer Offizier den Befehl ausführen.«

Ich glaube, General Miles hätte sein Wort gehalten, wenn er gekonnt hätte. Ich mache ihn nicht verantwortlich für das, was wir seit der Kapitulation an Leid ertragen haben. Ich weiß nicht, wer dafür verantwortlich ist. Wir haben alle unsere Pferde abgegeben – über elfhundert – und alle unsere Sättel – über einhundert – und wir haben seither nichts mehr davon gehört. Irgendjemand hat jetzt unsere Pferde.

General Miles übergab meine Leute einem anderen Soldaten und wir wurden nach Bismarck gebracht.

Captain Johnson, der nun für uns verantwortlich war, erhielt den Befehl, uns nach Fort Leavenworth zu bringen. Bei Leavenworth wurden wir in einer Ebene am Rand eines kleinen Flusses untergebracht, ohne frisches Wasser. Es gab nur Flusswasser zum Trinken und Kochen.

Wir hatten immer in einem gesunden Land gelebt, wo die Berge hoch und das Wasser kalt und klar waren. Viele meiner Leute wurden krank und starben und wir begruben sie in dieser fremden Erde.

Ich kann nicht in Worte fassen, wie sehr mein Herz mit meinem Volk litt, während wir in Leavenworth waren. Der Große Geist und Herrscher schien in eine andere Richtung zu blicken und nicht zu sehen, was mit meinem Volk geschah.

Während der heißen Tage erfuhren wir, dass man uns abermals umsiedeln wollte, noch weiter entfernt von unserer Heimat. Wir wurden nicht gefragt, ob wir dazu bereit wären.

Man befahl uns, in Eisenbahnwaggons zu steigen. Drei meiner Leute starben auf dem Weg nach Baxter Springs*. So zu sterben war schlimmer, als in den Bergen im Kampf zu fallen.

Von Baxter Springs wurden wir ins Indianer-Territorium gebracht und dort ohne unsere Zelte uns selbst überlassen. Wir hatten fast keine Medizin und die meisten von uns waren krank.

Siebzig meiner Leute sind gestorben, seit wir hierher gebracht wurden.

* Kansas

Viele Menschen sind gekommen, die viele unterschiedliche Dinge gesagt haben.

Einige Häuptlinge aus Washington waren hier und haben Land für uns ausgesucht, auf dem wir leben sollten. Wir haben dieses Land nicht angenommen, weil es kein guter Ort zum Leben ist.

Auch der Kommissar für Indianerangelegenheiten* kam zu uns. Ich sagte ihm, was ich auch allen anderen gesagt habe, dass ich erwarte, dass General Miles' Versprechen eingelöst wird.

Er sagte, das sei unmöglich; meine Heimat sei jetzt von weißen Männern bewohnt, die das ganze Land unter sich aufgeteilt hätten. Wenn ich nach Wallowa zurückkehrte, könnte ich nicht in Frieden leben. Außerdem sei Haftbefehl erlassen worden gegen die jungen Männer meines Stammes, die den Krieg begonnen haben. Die Regierung könne mein Volk nicht beschützen.

Diese Unterredung legte sich wie ein schwerer Stein auf mein Herz.

* E. A. Hayt

Ich sah, dass es keinen Sinn hatte, weiter mit ihm zu sprechen. Es kamen noch weitere Gesetzeshäuptlinge* zu mir und sagten, sie würden mir helfen, gutes Land zu bekommen.

Ich wusste nicht, wem ich glauben sollte. Die Weißen haben zu viele Häuptlinge. Sie verstehen sich nicht einmal untereinander. Sie reden nicht dasselbe.

Der Kommissar für Indianerangelegenheiten lud mich ein, gemeinsam nach einer besseren Heimat für uns zu suchen. Mir gefällt das Gebiet, das wir gefunden haben,** besser als jedes andere, das ich in diesem Land gesehen habe. Aber es ist kein gesundes Land. Es gibt dort keine Berge und Flüsse. Das Wasser ist warm. Es ist kein gutes Land für Vieh.

Ich glaube nicht, dass mein Volk dort leben kann. Ich fürchte, sie werden alle sterben. Die Indianer, die das Land bewohnen, sterben alle aus. Ich habe Häuptling Hayt versprochen, dort zu leben und das Beste daraus zu machen, bis

* Kongressabgeordnete
** westlich der Osage-Reservation

die Regierung bereit ist, General Miles' Versprechen einzulösen. Ich war nicht glücklich damit,
aber ich konnte es nicht ändern.

Dann kam der Generalinspekteur* in mein Lager und wir führten ein langes Gespräch. Er sagte,
ich müsse eine Heimat im nördlichen Bergland
bekommen, und er würde dem Großen Häuptling in Washington einen Brief schreiben. Wieder
keimte Hoffnung in meinem Herzen, die Berge
von Idaho und Oregon wiederzusehen.

Schließlich bekam ich die Erlaubnis, zusammen mit meinem Freund Yellow Bull und unserem Dolmetscher nach Washington zu reisen.
Ich bin froh, dass wir gekommen sind. Ich habe
sehr vielen Freunden die Hand gereicht.

Aber es gibt da ein paar Dinge, die ich wissen
möchte und die mir anscheinend niemand erklären kann.

Ich begreife nicht, warum die Regierung einen Mann wie General Miles gegen uns in den
Kampf schickt und sein Wort bricht. Mit einer
solchen Regierung stimmt etwas nicht.

* General McNeill

Ich begreife nicht, warum so viele Häuptlinge so viele unterschiedliche Dinge sagen dürfen und so viele unterschiedliche Dinge versprechen.

Ich habe den Großen Vater getroffen und den zweiten Großen Mann, den Kommissar für Indianerangelegenheiten, den Vorsitzenden des Kongresses und viele andere Gesetzeshäuptlinge[*]. Sie alle sagen, dass sie meine Freunde sind und dass ich mein Recht haben soll. Aber während ihre Lippen Gutes reden, wird für meine Leute nichts getan. Das begreife ich nicht.

Ich höre sie reden und reden und nichts geschieht. Gute Worte leben nicht lange, wenn sie zu nichts führen.

Worte machen meine Toten nicht wieder lebendig. Sie können mir mein Land nicht ersetzen, das jetzt von Weißen überrannt ist. Sie beschützen nicht das Grab meines Vaters. Sie ersetzen mir nicht meine Pferde und Rinder.

Gute Worte geben mir meine Kinder nicht zurück. Gute Worte ersetzen nicht das Versprechen eures Kriegshäuptlings General Miles. Gute Wor-

[*] Präsident Rutherford B. Hayes, Innenminister Carl Schurz

te machen meine Leute nicht wieder gesund und bewahren sie nicht vor dem Tod. Gute Worte geben meinem Volk keine Heimat, wo es in Frieden leben und sein Auskommen haben kann.

Ich bin der vielen Worte müde, die zu nichts führen.

Mein Herz wird krank, wenn ich an all die guten Worte und die gebrochenen Versprechen denke.

Es haben zu viele Männer das Wort ergriffen, die kein Recht dazu hatten. Es gab zu viele falsche Worte und zu viele Missverständnisse unter den Weißen über die Indianer.

Wenn der weiße Mann mit uns in Frieden leben will, dann kann er mit uns in Frieden leben. Es muss keinen Streit geben. Behandelt alle Menschen gleich. Gebt allen das gleiche Gesetz. Gebt allen die gleiche Chance zu leben und zu wachsen.

Alle Menschen wurden von demselben Großen Geist erschaffen. Sie sind alle Brüder. Die Erde ist die Mutter aller Menschen und alle Menschen auf der Erde sollten gleiche Rechte haben.

Eher fließt ein Fluss rückwärts, als dass ein frei geborener Mann damit zufrieden ist, eingepfercht zu werden und nicht in Freiheit gehen zu dürfen, wohin er möchte. Wenn du ein Pferd an einen Pfahl bindest, glaubst du, dass es dann fett wird? Wenn du einen Indianer auf einem kleinen Stück Erde einsperrst und ihn zwingst, dort zu bleiben, wird er nicht zufrieden sein und nicht wachsen und gedeihen.

Ich habe einige der großen weißen Häuptlinge gefragt, wer ihnen das Recht gibt, dem Indianer zu befehlen, an einem Ort zu bleiben, während er die Weißen gehen sieht, wohin sie möchten. Sie können es mir nicht sagen.

Ich verlange von der Regierung nur, dass sie mich behandelt wie sie alle anderen Menschen behandelt. Wenn ich nicht in meine eigene Heimat zurückkehren kann, dann gebt mir wenigstens eine Heimat in einem Land, wo meine Leute nicht so schnell sterben.

Ich würde gerne ins Bitterroot-Tal gehen. Dort wäre mein Volk gesund. Dort, wo sie jetzt sind, sterben sie. Seit ich mein Lager verlassen habe, um nach Washington zu kommen, sind drei von ihnen gestorben.

Wenn ich an unsere Lage denke, wird mir das Herz schwer. Ich sehe, dass Indianer wie Gesetzlose behandelt und von Land zu Land gejagt oder wie wilde Tiere niedergeschossen werden.

Ich weiß, dass sich die Indianer ändern müssen. So, wie wir jetzt sind, können wir mit den Weißen nicht bestehen. Wir verlangen nur nach einer gleichen Chance, so leben zu dürfen wie andere Menschen auch.

Wir verlangen, als Menschen anerkannt zu werden. Wir verlangen, dass für alle Menschen das gleiche Gesetz gilt. Bricht ein Indianer das Gesetz, bestraft ihn nach diesem Gesetz. Bricht ein Weißer das Gesetz, bestraft ihn genauso.

Lasst mich ein freier Mann sein – frei zu reisen, frei zu rasten, frei zu arbeiten, frei, Handel zu treiben, wo ich will, frei, mir meine eigenen Lehrer zu wählen, frei, der Religion meiner Väter zu folgen, frei, für mich selbst zu denken und zu reden und zu handeln – dann werde ich jedes Gesetz achten oder die Strafe auf mich nehmen.

Wenn der weiße Mann den Indianer so behandelt wie sich selbst, dann wird es keine
Kriege mehr geben. Wir werden gleich sein –
Brüder eines Vaters und einer Mutter, die unter
einem Himmel leben und unter einer Regierung für alle.

Dann wird der Große Geist und Herrscher
sein Lächeln über dieses Land legen und Regen
schicken, um das Blut vom Antlitz der Erde zu
waschen, das die Hände von Brüdern dort zurückgelassen haben.

Diese Zeit erwarten die Indianer und beten,
dass sie kommt.

Ich hoffe, dass das Stöhnen verwundeter
Männer und Frauen nie mehr an das Ohr des
Großen Geistes dringt und dass alle Völker ein
Volk werden.

In-mut-too-yah-lat-lat hat für sein Volk gesprochen.

HÄUPTLING WHITE EAGLE (1881)

Mein Freund, du hast mir eine Frage gestellt und ich werde dir antworten. Es ist, wie ich es dem Großen Vater* erzählt habe. Als ich dort oben** lebte, griffen mich die Dakota an, töteten einige meiner Brüder und stahlen mir Pferde. Ich dachte, ich würde eine Entschädigung dafür bekommen. Nach Weihnachten besuchte uns plötzlich ein weißer Mann***. Sein Erscheinen wurde uns nicht angekündigt, er kam überraschend. Sie riefen uns alle in die Kirche, dort erfuhren wir den Grund seines Kommens. Dies ist der fünfte Winter seither.

* Präsident Ulysses S. Grant
** im Norden Nebraskas
*** Edward C. Kemble, Inspektor für indianische Angelegenheiten

»Der Große Vater in Washington sagt, dass ihr von hier fort müsst, deshalb bin ich gekommen«, sagte er. »Diese Dakota machen euch eine Menge Ärger, sie reizen euch bis aufs Blut.«

»Mein Freund, diese Nachricht kommt für uns völlig überraschend«, entgegnete ich. »Wenn der Große Vater etwas mit uns besprechen will, dann bestellt er uns normalerweise nach Washington. Dort wird darüber verhandelt. Wenn der Große Vater irgendwelche Pläne hat, dann schickt er allen Stämmen für gewöhnlich eine Nachricht. Du aber bist ganz plötzlich gekommen.«

»Nein, der Große Vater sagt, dass ihr fort müsst«, sagte er.

»Mein Freund, ich will, dass du dem Großen Vater einen Brief schickst. Wenn er dies wirklich sagt, dann möge er uns zu sich rufen«, entgegnete ich. »Wenn das alles stimmt und ich es auf dem üblichen Weg erfahre, dann weiß ich, dass seine Worte wahr sind. Der Große Vater steht über allem.«

»Ich werde ihm einen Brief schicken«, sagte er. Er drückte den Telegrafiertaster und schickte ein Telegramm. Es erreichte den Großen Vater sehr schnell.

»Euer Großer Vater sagt, dass du mit zehn weiteren Häuptlingen kommen sollst«, sagte er. »Ihr sollt euch das Land ansehen, und wenn ihr einen Teil davon durchquert habt, sollt ihr nach Washington kommen.«

Wir stimmten dem Vorschlag zu und machten uns bereit.

»Ihr sollt euch das Warm Land* ansehen, und wenn ihr dort gutes Land findet, sollt ihr ihm darüber berichten«, sagte er, »auch wenn das Land dort schlecht ist: berichtet ihm beides.«

Also machten wir uns auf den Weg in das Warm Land. Wir gingen bis zur letzten Eisenbahnstation, zogen durch das Land der Osage und weiter bis zu dem Land der Felsen. Am nächsten Morgen erreichten wir das Land der Kansa, und nachdem wir das Kansas-Reservat verlassen hatten, kamen wir in die Stadt Arkansas. Nachdem ich also das Land dieser beiden Indianerstämme durchquert und das felsige

* Indianer-Territorium, Oklahoma

Land und die niedrigen Bäume dort gesehen hatte, kam ich in diese Stadt der Weißen. Wir wurden zweimal krank und sahen, welche Menschen in diesem Land leben. Und wir sahen die ganzen Steine und Felsen und gewannen den Eindruck, dass die beiden Stämme sich kaum ausreichend versorgen können.

Am folgenden Morgen sagte er zu uns: »Wir werden zum Shicaska River gehen und uns dort das Land ansehen.«

Ich erwiderte: »Mein Freund, ich habe dieses Land gesehen und bin auf der Reise krank geworden. Ich beende jetzt die Reise durch dieses Land und mache mich auf den Weg zum Großen Vater. Bring du mich zum Großen Vater. Diese beiden Stämme sind arm und krank und ihr Land ist karg. Ich habe genug davon gesehen.«

»Nein«, sagte er. »Komm und sieh dir noch die anderen Gebiete im Indianer-Territorium an.«

»Mein Freund«, entgegnete ich, »ich bitte dich, bring mich zum Großen Vater. Vor unserer Reise hast du gesagt, wir könnten ihm über alles berichten, was wir gesehen haben, Gutes wie Schlechtes, und ich möchte ihm darüber berichten.«

»Nein«, sagte er, »ich bringe dich nicht zu ihm. Wenn du dich in diesem Gebiet niederlässt, bringe ich dich zu ihm. Wenn nicht, dann nicht.«

»Wenn du mich nicht zum Großen Vater bringen willst«, sagte ich, »dann bring mich heim in mein eigenes Land.«

»Nein«, sagte er, »du kannst sagen, was du willst – ich werde dich nicht zum Großen Vater bringen. Und er gab mir auch nicht den Auftrag, dich in dein Land zurückzubringen.«

»Was in aller Welt soll ich tun«, erwiderte ich. »Du weigerst dich, mich zum Großen Vater zu bringen, und du willst mich nicht in meine Heimat zurückbringen. Vor der Reise hast du gesagt, der Große Vater rufe mich zu sich, aber das stimmte nicht. Du hast nicht die Wahrheit gesagt. Du hast nicht aufrichtig mit uns gesprochen.«

»Nein«, sagte er, »ich werde euch nicht nach Hause bringen. Macht euch doch zu Fuß auf den Weg dorthin, wenn ihr wollt.«

»Das betrübt mein Herz sehr«, sagte ich, »kenne ich mich in diesem Land doch nicht aus.« Wir glaubten, sterben zu müssen. Ich war den Tränen nahe, aber dann besann ich mich, dass ich ein Mann war.

Nachdem er dies gesagt hatte, stieg der weiße Mann schlecht gelaunt die Treppe hinauf. Als er weg war, setzten wir Häuptlinge uns zusammen und überlegten, was zu tun war. Wir sagten: »Er will uns weder zum Großen Vater noch in unsere Heimat bringen. Wir glauben nicht, dass er im Auftrag des Großen Vaters handelt.«

Wir hatten einen Dolmetscher bei uns und sagten: »Wenn er uns schon nicht zurückbringen will, soll er uns wenigstens ein Stück Papier geben, das wir den Weißen vorzeigen können, denn wir kennen dieses Land nicht.«

Der Dolmetscher ging nach oben und sprach mit dem Mann. Er kam zurück und sagte: »Ihr bekommt kein Papier von ihm. Er möchte es nicht für euch ausstellen.«

Wir schickten den Dolmetscher erneut zu ihm und ließen ihn sagen: »Wir möchten etwas von dem Geld, das uns der Große Vater schuldet, damit wir nach Hause fahren können.«

Als er wiederkam, sagte er: »Er möchte euch das Geld nicht geben.« Er sagte weiter: »Der Dolmetscher und drei Halbblut-Indianer müssen hierbleiben. Der Rest von euch kann zu Fuß gehen.«

Wir beratschlagten und sagten: »Auch wenn dies nicht der Wille des Großen Vaters ist: Wer gibt uns zu essen, wenn wir hierbleiben? Lasst uns nach Hause aufbrechen.«

Er sagte zu jenen, die halb weiß waren und dolmetschen konnten: »Ihr dürft nicht nach Hause gehen.« Zwei dieser Halbblut-Indianer, Michel und Lone Chief, blieben dort. Ein anderer, Big Elk, sagte zu den Vollblut-Indianern: »Wo ihr hingeht, will auch ich hingehen und dort sterben.«

Wir sagten: »Er hat sich schändlich gegen uns verhalten. Lasst uns jetzt, in der Nacht, aufbrechen.« So machten wir uns auf den Weg nach Hause. Ein Mann, Standing Bear, sagte: »Wir müssen auf der Hut sein, damit sie nicht behaupten können, wir hätten uns davongeschlichen.«

Wir kannten uns in jener Gegend nicht aus, wir hatten kein Essen dabei, keine Mokassins, und wir fragten uns: »Warum müssen wir sterben? Was haben wir verbrochen?« Ich glaubte, wir würden sterben. Wir gingen weiter und ich wurde krank – sehr krank. Schließlich kamen wir in das Land der Oto, unterwegs ernährten wir uns von Mais. Wir blieben zehn Tage bei den Oto und sie gaben uns zu essen. Auf unserem weiteren Heimweg gelangten wir zu den Omaha. Von dort erreichten wir bald unsere Heimat.

Als wir zu Hause anlangten, sahen wir, dass er* uns zuvorgekommen war und uns schon erwartete. Wir mussten feststellen, dass er den Ponca, die dort waren, befohlen hatte, sich zum Aufbruch bereit zu machen. Er rief uns zu sich und wir gingen zu ihm. »Ihr müsst von hier fort«, sagte er, »macht euch bereit.«

Wir weigerten uns. Ich sagte: »Ich bin erschöpft hier angekommen, niemand von uns will von hier fort, eine Umsiedlung wäre schwierig für uns. Viel Geld wird verloren gehen, auf

---

* Inspektor Kemble

die Erde fallen. Hör auf, auf uns einzureden, es ist genug.«

»Nein«, entgegnete er, »der Große Vater möchte, dass ihr sofort umzieht. Ihr müsst ins Indianer-Territorium.«

»Wenn du unverschämt mit uns reden und uns beschimpfen willst, dann tu das«, sagte ich.

Einige Soldaten kamen herüber. »Nur heute noch spreche ich darüber«, erwiderte er, »dann werde ich die Angelegenheit in die Hände des Soldatenführers legen und ihm die Verantwortung übertragen.«

Ich sagte: »Es ziehen doch weiße Leute durch dieses Land. Einige von ihnen könnten hierher-kommen und meinen Leichnam sehen und fra-gen: Warum haben sie ihn getötet? Und man würde ihnen antworten: Weil er nicht wegge-gangen ist. Ich möchte, dass der Große Vater da-von erfährt. Ich will keinen Ärger mit den wei-ßen Soldaten. Wenn die Soldaten auf mich schießen, werde ich keine Rache nehmen. Ich werde nicht zurückschießen.«

»Mein Freund, hör auf damit, ich will nicht, dass es dazu kommt«, erwiderte er.

Sie trennten die Halbblut- von den Vollblut-Indianern und sprachen gesondert mit ihnen. Plötzlich wurden sie weggebracht. Der weiße Mann kam mit den Essensrationen für uns, aber wir nahmen sie nicht an und aßen nicht davon. Sie hatten schon vorher einige unserer Leute weggebracht und wir saßen da, ohne etwas zu essen. Wir begannen, unsere Felder zu pflügen. Weil wir dachten, die Angelegenheit sei erledigt, fingen wir an, unsere Felder umzugraben. Ich wollte einige der Anführer der Weißen treffen, aber keiner von ihnen ließ sich blicken. Auf der anderen Seite des Niobrara River, in der Stadt Niobrara, lebte ein weißer Mann, ein Rechtsanwalt. Ich ging zu ihm.

»Ach, mein Freund, ich möchte etwas in Erfahrung bringen – ich möchte, dass du dem Großen Vater eine Nachricht von mir schickst, aber ich habe kein Geld. Wenn du ihm rasch schreibst, gebe ich dir dafür dieses Pferd.«

Er verschickte die Nachricht, aber ich erhielt nie eine Antwort, obwohl ich ihm das Pferd gegeben hatte. Dann sagte ich zu diesem Rechtsanwalt: »Mein Freund, ich möchte, dass du zum Großen Vater gehst.«

»Ich habe kein Geld«, sagte er.

»Mein Freund, ich habe zweiunddreißig Pferde, die werde ich dir geben.«

»Gut, dann bring sie mir«, sagte der weiße Mann.

Ich trieb die Pferde vor mir her, brachte sie zu ihm und übergab sie ihm. Er verkaufte die Pferde, ging zum Großen Vater und kehrte zurück. Dieser weiße Mann schickte mir einen Brief. Darin schrieb er mir: »Ich war beim Großen Vater.« Den ersten Brief schickte er vor seiner Rückkehr, und von seinem Heimweg schickte er mir einen zweiten Brief, in dem stand: »Mein Freund, ich bin krank und auf dem Weg nach Hause.«

Es begab sich, dass jemand dorthin kam. Ein weißer Mann kehrte mit einem Halbblut-Indianer als Dolmetscher aus der Gruppe der Ponca zurück, die zuerst weggebracht worden war. Es war nicht der erste weiße Mann, sondern ein anderer[*]. Er bestellte uns zu sich auf die andere Seite des Niobrara River. Der Ort lag nicht direkt bei der Stadt Niobrara, sondern etwas

[*] E. A. Howard, Nachfolger von Kemble

nordwestlich davon, zwischen Fluss und Stadt. Er sprach freundlich und ruhig mit uns.

»Mein Freund, ich bin zu euch zurückgekehrt, um mit euch aufzubrechen, um mit euch von hier wegzugehen.«

Zu diesem Zeitpunkt waren wir sehr erschöpft. Noch bevor wir zuhause ankamen, lief uns ein junger Ponca entgegen und sagte: »Die Soldaten stehen vor unseren Wigwams.« Wir hatten sie noch nicht gesehen. Buffalo und ich sagten zu den jungen Männern: »Ihr trefft die Entscheidung. Wenn ihr sagt, wir müssen weggehen, dann werden wir weggehen.«

Die Ponca-Frauen hatten Angst vor den Soldaten. Die Soldaten überschritten die Dorfgrenze und drängten uns an das andere Ufer des Niobrara River, gerade so, als wären wir eine Herde Pferde. Ich sagte: »Wenn es denn sein muss, dann gehe ich in dieses Land. Zieht die Soldaten ab, unsere Frauen haben Angst vor ihnen.«

So gelangte ich in das Warm Land und bin bis heute dort geblieben. Das ist das Ende.

(GENERAL CROOK: Frag ihn, ob er zufrieden war, nachdem er dort angekommen war.)

WHITE EAGLE: Wir merkten bald, dass das Land dort schlecht war. Einer nach dem anderen starb und wir sagten: »Wer wird sich unser erbarmen?« Auch unsere Tiere starben. Oh, es war so heiß.

»Dieses Land macht uns ganz krank, wir werden hier alle sterben. Wir hoffen, dass der Große Vater uns zurückkehren lässt.« So sprachen wir. Einhundert von uns starben dort. Dann gingen wir, die wir hier sind, nach Washington, um den Großen Vater* zu treffen. Wir kamen im Winter hier an – im September 1877.

»Unser Freund«, sagten wir zum Großen Vater, »früher hast du dich gut um uns gekümmert, aber dann hast du uns sehr schlecht behandelt. Wir möchten, dass du uns in unser Land zurückkehren lässt.«

Die drei Großen Väter saßen da und hörten uns an; einer von ihnen ist jetzt nicht hier.

»Nein, das ist sehr schwierig, ihr seid von weither gekommen.«

* Präsident Rutherford B. Hayes

»Das stimmt nicht, Großer Vater, für uns ist es sehr schwierig. Es ist nicht meine Schuld, dass wir so weit entfernt leben. Einige von uns sind schon gestorben. Wir sind Wander-Indianer, sagte ich, wir gehen zu Fuß nach Hause. Das Land, in dem wir jetzt leben, ist sehr klein; wenn wir unsere Pferde auf die Weide lassen, kommt jemand und stiehlt sie uns. Aber diese Schwierigkeiten sind nichts gegen das ganze Ausmaß des Unglücks, das mir hier unten, wo ich wohne, widerfahren ist.«

Er sagte: »Dann haltet nach anderen Gebieten Ausschau. Das ganze Land hier gehört den Indianern, das ganze Land innerhalb des Indianer-Territoriums.« Er gab mir ein Papier, das mich berechtigte, nach anderen Gebieten zu suchen. In dem Papier wurden drei Gebiete genannt. Ich selbst ging nicht dorthin. Diese Männer hier gingen. Sie kehrten zurück und sagten: »Diese Gebiete sind sehr gut.« Sie alle kehrten zurück und sagten: »Wir haben gutes Land gefunden und werden dorthin umziehen.«

Aber der Große Vater ließ uns nicht dorthin gehen und so saßen wir da und warteten. Bei uns war ein Indianerbeauftragter, der nicht wollte, dass wir gehen. Er wollte uns im Land der Quapaws halten.

»Dieses Land ist sehr schlecht«, sagten wir. »Der Große Vater hat uns gesagt, wir sollen nach Land suchen, und jetzt werden wir dorthin gehen und nicht darauf hören, was der Beauftragte sagt.«

Etwa zehn Wigwams und ihre Bewohner blieben und warteten auf Anweisungen zum Umzug. Alle anderen zogen weg. Jene, die zu den neuen Gebieten aufbrachen, verhungerten fast unterwegs, weil sie keine Vorräte dabei hatten. Der Indianerbeauftragte hatte zwar Vorräte, gab davon aber nur jenen, die bei ihm blieben.

Wir sagten: »Wir schicken dem Großen Vater ein Telegramm. Wir wollen diesen alten Beauftragten loswerden und einen neuen haben.«

Ich kam dort an. Das Land war gut, aber im Sommer waren wir wieder krank.

Nach dem 4. Juli waren wir wie niedergetretenes Gras, wir und unser Vieh. Dann kam die Kälte. Wie viele von uns starben, wissen wir nicht. Im folgenden Jahr gab es nicht mehr so viel Krankheit, und seit letztem Frühjahr bis heute waren wir nicht mehr krank. Unser Schicksal hat sich gewendet, wir haben eine neue Seite aufgeschlagen. Wir glauben jetzt, dass Gott sich unser erbarmt und dass wir bessere Zeiten erleben werden. Ein schlechter Indianerbeauftragter, Krankheiten und der Wind, der all diese bösen Dinge zu uns geweht hat, waren eine schwere Bürde, doch jetzt haben wir einen guten Indianerbeauftragten und es geht uns besser. Er hat freundlich mit mir gesprochen, er hat auch über Arbeit mit mir gesprochen. Ich wünschte, mein Volk könnte hier bleiben, deshalb hat er diesen Brief für mich geschrieben. Fünf Winter lang habe ich jemanden gesucht, der mir hilft. Jetzt verschwinden die Krankheiten und jetzt denken wir, dass wir in diesem Land leben möchten.

Ich sagte zu unserem Indianerbeauftragten: »Schreib in dieser Sache einen Brief für mich. Wir möchten das Land, das wir früher bewohnten, verkaufen und hier leben. Wir möchten, dass du in dem Brief schreibst, dass wir einen verbindlichen Vertrag über unser Land wollen.«

HÄUPTLING SITTING BULL (1882)

Ich lebe schon sehr lang und habe viel erlebt. Nie habe ich etwas ohne Grund getan. Jede Tat in meinem Leben hatte ihren Sinn. Niemand kann behaupten, ich hätte etwas Wichtiges vergessen oder nicht bedacht.

Ich bin einer der letzten Häuptlinge des unabhängigen Stammes der Sioux. Schon meine Vorväter hatten diesen Rang in der Ordnung meines Volkes inne. Wäre ich in der Welt ohne Rang und Namen, ich wäre jetzt nicht hier, und als Häuptling habe ich das Recht, meinen ganzen Einfluss geltend zu machen. Ich bin überzeugt, dass es einen Grund dafür gibt, warum ich auf der Welt bin. Warum wäre ich sonst hier?

Dieses Land gehört uns, der Große Geist hat es uns gegeben, als er uns an diesen Platz gestellt

hat. Wir konnten ungehindert kommen und gehen und auf unsere Weise leben. Doch dann kamen weiße Männer, die zu einem anderen Land
gehören. Sie zwingen uns, nach ihren Vorstel-
lungen zu leben. Das ist Unrecht. Uns würde es
nicht im Traum einfallen, den Weißen unseren
Lebensstil aufzuzwingen.

Die Weißen pflügen gerne den Boden um,
um sich zu ernähren. Mein Volk jagt lieber den
Büffel, wie es schon unsere Väter getan haben.
Die Weißen bleiben gern an einem Ort. Mein
Volk zieht mit seinen Tipis von einem Jagdge-
biet zum nächsten. Die Weißen leben in Sklaverei, sie sind Gefangene ihrer Städte und Farmen.
Mein Volk will in Freiheit leben. Nichts, was ein
Weißer besitzt – Häuser oder Eisenbahnen, Kleider oder Essen –, ist in meinen Augen so viel
wert wie das Recht, die Weite des Landes zu
durchstreifen und auf unsere Weise zu leben.
Warum haben eure Soldaten unser Blut vergos-
sen?

(Sitting Bull zeichnete mit dem Nagel seines
Daumens ein Quadrat auf die Erde. Die Indianer reckten die Hälse, um zu sehen, was er tat.)

Schaut her! So steckten eure Soldaten einen Teil unseres Landes ab und sagten, wir müssten dort wohnen. Sie gaben uns gut zu essen und schickten uns ihre Ärzte, um unsere Kranken zu heilen. Sie sagten, wir sollten leben, ohne arbeiten zu müssen. Aber sie sagten uns auch, wie weit wir in diese Richtung gehen durften und wie weit in jene Richtung. Sie gaben uns Fleisch, aber sie nahmen uns unsere Freiheit. Die Weißen hatten vieles, was wir uns wünschten, aber wir erkannten, dass sie das eine nicht hatten, was uns am meisten bedeutete – Freiheit. Lieber lebe ich in einem Tipi und verzichte auf Fleisch, wenn es wenig Wild gibt, als meine Rechte als freier Indianer aufzugeben – selbst wenn ich all das haben könnte, was die Weißen haben. Wir überschritten die Grenzen unseres Reservats und die Soldaten verfolgten uns. Sie griffen unser Dorf an und wir töteten sie alle. Was würdet ihr tun, wenn man euer Zuhause angreift? Wie ein mutiger Mann würdet ihr aufstehen und es verteidigen. Das ist unsere Geschichte. Ich habe gesprochen.

CELSA APAPAS (1901)

Wir danken euch, dass ihr hergekommen seid, um mit uns so zu reden, dass wir euch verstehen. Es ist das erste Mal, dass jemand das tut. Ihr bittet uns zu überlegen, welches Land uns gefällt außer diesem, in dem wir seit jeher leben. Seht ihr diesen Friedhof dort? Dort sind unsere Väter und Großväter. Seht ihr den Adlerhorst-Berg und den Kaninchenbau-Berg? Als Gott sie geschaffen hat, schenkte er uns dieses Land. Wir waren schon immer hier. Anderes Land ist uns gleichgültig. Selbst wenn es gutes Land wäre, wäre es doch nicht unseres. Wir haben schon immer hier gelebt. Wir möchten lieber hier sterben, wie unsere Väter. Wir können sie nicht verlassen. Unsere Kinder wurden hier geboren – wie könnten wir da weggehen? Selbst wenn ihr uns das beste Land der Welt geben würdet, es wäre nicht so gut für uns wie dieses. Der Häuptling sagt, dass seine Leute nicht in ein anderes Land gehen können, dass sie nirgendwo sonst leben können. Hier haben sie schon immer gelebt, ihr Volk hat schon immer hier gelebt. Es gibt kein anderes Land. Dies ist unsere Heimat. Wir bitten euch, es für uns zu kaufen. Wenn Harvey Downey[*] sagt, das Land gehöre ihm, dann ist das falsch. Die Indianer waren immer hier. Jeder weiß, dass dies Indianerland ist. Diese heißen Quellen[**] gehörten immer den Indianern. Wir können nirgendwo anders leben. Wir wurden hier geboren und unsere Väter sind hier begraben. Ein anderes Land kommt uns nicht in den Sinn. Wir wollen dieses Land, kein anderes.

(Ein Vertreter der Sequoya League[***] fragte: »Aber wenn die Regierung dieses Land nicht für euch kaufen kann, welches wäre das nächstbeste

[*] ein amerikanischer Farmer
[**] Agua Caliente, östlich von San Diego
[***] Hilfsfonds für Indianer, diente u. a. zur Unterstützung beim Rückkauf von Indianerland

für euch?«)

Es gibt kein anderes Land für uns. Wir wollen nicht, dass ihr irgendein anderes Land für uns kauft. Wenn ihr dieses Land nicht kauft, werden wir in die Berge gehen wie Wachteln und dort sterben, die Alten, die Frauen, die Kinder. Mag die Regierung froh und stolz darauf sein. Sie kann uns töten. Wir kämpfen nicht. Wir tun, was sie sagt. Wenn wir nicht hier leben können, dann gehen wir in die Berge und sterben. Wir wollen keine andere Heimat.

CARLOS MONTEZUMA (1912)

Senator Smith aus Arizona sagte als Mitglied des Repräsentantenhauses: »Es besteht mehr Hoffnung, einer Klapperschlange etwas beizubringen, als den Apachen.« Ich bin ein Apache.

Als ich in die zivilisierte Welt eingeführt wurde, kursierte unter den Bleichgesichtern die Warnung: »Sieh dich vor, ein Indianer ist ein Indianer! Komm ihm zuvor, sonst kommt er dir zuvor.«

Die Apachen durch Soldaten und indianische Scouts zu umzingeln war schwieriger, als Bären und Schlangen zu fangen. Die Apachen wurden scharenweise bezwungen, indem man sie in Höhlen und Schluchten sperrte. Wenn sie flüchteten, wurden sie niedergeschossen wie Hunde. Arglistig wurden sie zur Kapitulation gezwungen und dann getötet. Indianische Scouts wurden dafür bezahlt, dass sie mitternächtliche Massaker in den Lagern der Apachen begingen, deren Kinder als Gefangene mitnahmen und sie als Sklaven verkauften.

Während eines dieser Mitternachtsüberfälle durch die Pima 1871 wurden zahlreiche Apachen niedergemetzelt und ich wurde gefangengenommen. Diese dunkle, denkwürdige Nacht mit ihrem furchtbaren Schrecken des Gemetzels hat sich unauslöschlich in mein Gedächtnis eingebrannt.

Am nächsten Morgen erwachte ich wie aus einer unwirklichen Schockstarre in einer anderen Welt. Ich schrie wie ein Kind, dessen Herz zu zerreißen droht. Ich wollte zu meiner Mutter und zu meinem Vater. Aber das ging nicht. Das Leben hatte anderes mit mir vor.

Nach zwei Tagereisen zu Pferd unter brütender Sonne kamen wir zum Lager der Pima, wo ich einige Tage blieb.

Um ihren Sieg zu feiern, tanzten etwa vierhundert Pima um mich herum. Dann setzten sie mich auf ein Pferd und führten mich weg, um mich zu verkaufen.

In Adamsville, Arizona, wurde ich für 30 Dollar an Mr. Carlos Gentile verkauft, der auf dem Weg nach Osten war. Er adoptierte mich rechtskräftig und sorgte für mich, als wäre ich sein eigener Sohn. Im Osten reisten wir von Ort zu Ort und landeten nach einem Jahr in Chicago.

Dort kam ich auf die staatliche Schule, bevor ich vernünftig Englisch sprechen konnte. Ich machte aber rasch Fortschritte, weil ich an der Schule der einzige Apache unter lauter Englisch sprechenden Kindern war. Schon bald nahm ich unbewusst ihre Gewohnheiten an. Etwas anderes war mir nicht möglich. In der Schule, auf der Straße und wohin ich auch ging wurde ich dazu verleitet, mich wie meine Schulkameraden zu verhalten. Ich wurde von meinem Umfeld wie von einem Strom mitgerissen. Ich ging darin unter und musste durchhalten. In meiner frühen Kindheit war ich der Sprache und dem Wesen nach ein Apache gewesen, weil ich unter Menschen war, die nur die Sprache der Apachen beherrschten.

Meine Schulausbildung erhielt ich nicht nur in Chicago, sie wurde in einem kleinen roten

Schulhaus auf dem Land bei Galesburg, Illinois, fortgesetzt, wo ich zwei Jahre blieb und die Grundlagen bäuerlichen Lebens kennenlernte.

Ich wurde nach Brooklyn, New York, gebracht. Dort lernte ich gemeinsam mit Kindern anderer Nationalitäten, amerikanischer Bürger zu werden. Danach ging es wieder nach Westen, nach Urbana, Illinois, wo ich in Privatstunden auf die staatliche Universität vorbereitet wurde.

Um als mittelloser Student an der Universität einen Teil meiner Ausgaben selbst zu bestreiten, half ich rund um das Haus mit – arbeitete im Garten, versorgte ein Pferd und nahm jede Arbeit an, die ich mit meinem Lehrplan vereinbaren konnte. Während der Ferien arbeitete ich auf einer Farm. Im Frühjahr 1884 machte ich meinen Abschluss und kehrte nach Chicago zurück.

Dort musste ich wie alle Neulinge erfahren, dass es selbst mit einem Universitätsabschluss nicht leicht ist, die Leute davon zu überzeugen, dass man etwas kann. Nach vielen Tagen erfolgloser Suche fand ich zwar keine richtige Anstellung, aber eine Aushilfsstelle, wo ich für eine

warme Mahlzeit und einen Schlafplatz im La-
gerraum arbeitete.

Dank großzügiger Freunde wurde mir das
Schulgeld am Chicago Medical College erlassen.
Nach fünf Jahren, die ich abwechselnd hinter
der Ladentheke und in Vorlesungen verbrachte,
machte ich meinen Abschluss in Medizin und
erhielt die ersehnte Zulassung, als Arzt und Chi-
rurg zu praktizieren. Nach einigen Monaten als
niedergelassener Arzt trat ich meinen Dienst für
die Indianer als angestellter Arzt an der Fort Ste-
venson Indian School in North Dakota an. Dort
sah ich zum ersten Mal eine Indianerschule. Ein
Jahr später wurde ich als Amtsarzt an die Wes-
tern-Shoshone-Agentur in Nevada versetzt.
Dort sah ich in aller Deutlichkeit, was für einen
Abstieg das Reservat für die Indianer bedeutet.
Ich beobachtete diese Indianer, wie sie, abgeschnitten von jeglicher Zivilisation, mithilfe ei-
niger Staatsdiener versuchten, wie die Yankees
zu werden. Aufgrund meiner eigenen Erfahrungen konnte ich nunmehr gut erkennen, wie sie
in dieser Lage ihrem alten indianischen Lebensstil verhaftet blieben, und ich fragte mich oft,

warum die Regierung sie so willkürlich ihrem Stammesleben überließ, wo doch um sie herum überall bessere Bedingungen herrschten.

Nach dreieinhalb Jahren harter Arbeit in Nevada wurde ich zur Colville-Agentur in Washington geschickt, wo ich die Ehre hatte, als Arzt für Häuptling Moses und seine Columbia-River-Indianer und für Häuptling Joseph und seine Nez Percé tätig zu werden. Diese beiden zählen zu den größten Häuptlingen unserer Geschichte.

Obwohl es mir ein Bedürfnis war, diesen Indianern zu helfen, sehnte sich mein Herz nach der Zivilisation, und ich erhielt, wie Gott es wollte, ganz ohne Bewerbung einen Ruf nach Osten – ich wurde niedergelassener Arzt an der renommierten Carlisle Indian School in Pennsylvania. Dort durfte ich mich glücklich schätzen, mit Menschen zusammenzuarbeiten, denen eine wirkliche Verbesserung der Lebensverhältnisse meines Volkes am Herzen lag.

Die zweieinhalb Jahre in dieser Einrichtung unter dem berühmten, gottesfürchtigen General Pratt waren eine Inspiration für mich. Zu jener

Zeit war die Schule ein Leuchtturm für alle Indianer. Sie war ein Sprungbrett für ihre Schüler
und ermöglichte ihnen einen Zugang zum zivi-
lisierten amerikanischen Leben.

Um in Kontakt mit Menschen aller Rassen
und aus allen Landesteilen zu gelangen und so
die Menschheit in ihrer Vielfalt besser kennen-
zulernen, um den Fortschritt der Welt mit eigenen Augen zu sehen und die Kräfte zu gebrau-
chen, mit denen Gott mich zum Wohl meiner
Mitmenschen gesegnet hat, gab ich meine Stelle
in Carlisle auf. Zurück in Chicago fing ich be-
ruflich wieder ganz unten an und war fest ent-
schlossen, weiter zu lernen und weiter zu kämpfen. Nach sechzehn Jahren beständiger und zu-
verlässiger ärztlicher Praxis darf ich sicher zu
Recht und mit Stolz auf die Anerkennung der
besten Ärzte und Chirurgen in Chicago und an-
dernorts verweisen, die meine Freunde sind und
die mich, meine Arbeit und meine hohen ethi-
schen Maßstäbe schätzen.

Um das Fazit meiner Lebensgeschichte zu
ziehen, möchte ich festhalten, dass ich kein Re-
servats-Indianer bin. Ich war nie ein Reservats-

Indianer. Die ganze Welt war mein Wirkungskreis, nicht die fast gefängnisähnlichen Grenzen eines behördlich streng überwachten Reservats. Es mag grausam gewesen sein, der väterlichen Liebe, Fürsorge und Sicherheit gewaltsam entrissen zu werden, aber nach all den Jahren hat sich das für mich in den größten Segen verwandelt. Ich habe staatliche Schulen besucht und keine indianischen Schulen. Ich habe nicht einfach nur ein paar Stunden in einem Reservats-Klassenzimmer verbracht und den Rest der Zeit in Indianerlagern. Ich war früh dazu gezwungen, mir meinen Lebensunterhalt selbst zu verdienen. Die Regierung hat für meine Ausbildung nicht einen Cent gezahlt. Ich habe mit der Indianerbehörde keine Probleme wegen meines Einkommens, meines Eigentums oder meiner Bürgerrechte. Aufsicht und Beschränkungen durch die Indianerbehörde kenne ich nicht. Ich befolge die Gesetze des Staates und der Nation, unter deren Schutz ich lebe, und genieße so die größtmögliche Freiheit.

Statt zu meinem Volk zurückzukehren, bin ich im Osten geblieben. Es musste mir innerhalb einer Generation gelingen, ein gutes, kultiviertes Leben aufzubauen, und nicht in tausenden und abertausenden von Jahren.

So ist mein Leben verlaufen, und daher bitte ich um dieselbe Freiheit für meine edle Rasse – die amerikanischen Indianer. In den vierzig Jahren, die ich fern von meinen Stammesbrüdern verbrachte, habe ich sie nicht vergessen. Tag und Nacht waren sie in meinem Herzen. Mein Stift und meine Zunge blieben nicht untätig für sie.

So wenig wie die Abstinenzbewegung ohne Frances Willard und die Heilsarmee ohne General Booth denkbar gewesen wären, so wenig kann man die Sache der Indianer verstehen, ohne General R. H. Pratt zu nennen. Der Ex-Präsident*, »der kein Unrecht begehen kann«, entband den General vom Dienst unter den Indianern und der Institution, die er gegründet und geliebt hat und der er fünfundzwanzig seiner besten Jahre geopfert hat. Die Stimme, die sich für die Belange der Indianer am nachhaltigsten einsetzte, ist verstummt. Gleichzeitig wurde das

* Theodore Roosevelt

Steuer des indianischen Schiffes in Hände gegeben, die ganz andere Ziele verfolgen als General Pratt, und seither steuert es in die falsche Richtung. Es ist vom Kurs abgekommen und wir können es nur dann erneut in die richtige Richtung und zum richtigen Hafen segeln lassen, wenn wir die vergangenen acht Jahre über Bord werfen und wieder dort anfangen, wo wir vor dieser Zeit aufgehört haben.

Kolonisierung, Rassentrennung und Reservate sind die schändlichsten Erfindungen der Menschen. Sie sind der Nährboden, ja das Treibhaus für die Versklavung – und sie eignen sich wahrhaftig nicht als Ort für freie Menschen oder als »Heimat der Tapferen«.

Es ist nicht meine Absicht, die einzelnen Mitglieder zu kritisieren, aus denen sich die Führungsriege der Indianerbehörde unserer Regierung zusammensetzt, aber ich stehe dem System als solchem grundsätzlich ablehnend gegenüber.

Ich bin fest davon überzeugt, dass die einzig wahre Lösung des sogenannten »Indianerproblems« darin besteht, das System der Reservate ein für alle Mal abzuschaffen und stattdessen einen vollkommen freiwilligen Bund zwischen der indianischen Rasse und den Bleichgesichtern zu schließen. Gebt uns die Möglichkeit, auf derselben Grundlage mit ihnen zusammenzuleben, die für alle anderen Rassen gilt. Keine andere Rasse der Welt hat so lange, so ernsthaft und beharrlich um »Gleichberechtigung« gerungen wie unsere. Keine andere Rasse der Welt hat jemals solche Benachteiligung, Unterdrückung und die Verweigerung jeglicher Chance auf Freiheit durchgestanden wie unsere. Blickt zurück auf die Geschichte und zeigt mir, wenn ihr könnt, irgendeine Rasse, gleich wann und wo sie gelebt hat, die sich über einen Zeitraum von vierhundert Jahren so gegen eine überlegene Macht behaupten konnte, wie wir es getan haben. Und noch immer kämpfen und ringen wir um Freiheit und Gleichberechtigung. Gott allein weiß um all die Irrungen und Wirrungen, die Sklaverei und Unterdrückung, denen sich die indianische Rasse unterwerfen musste und die sie noch immer beherzt und kämpferisch zu überwinden sucht. Wäre es uns, den Nachkommen der größten eingeborenen Rasse der Welt, ohne die Standhaftigkeit und die physische und moralische Stärke unserer Vorfahren hier und heute möglich, noch immer für Freiheit und Bürgerrechte zu kämpfen?

Vor vielen vielen Jahren standen Wahrheit und Gerechtigkeit für einen Indianer über allem. Aber mehr als ein Jahrhundert voller Betrug und Heuchelei hat ihn offenkundig gelehrt, dem Bleichgesicht mit seinen leeren Versprechungen und seinem Doppelspiel zu misstrauen.

Nur in den seltensten Fällen hat sich ein Bleichgesicht wirklich und wahrhaftig als Freund erwiesen. Doch bei aller Unterdrückung und allen Täuschungen, die uns widerfahren sind, frage ich, welches Bleichgesicht es mit der Treue »bis in den Tod« aufnehmen kann, die seit jeher im Herzen jedes Indianers in diesem Land wohnt.

Alle, die den Indianer als Menschen erkennen, wissen, dass seine Möglichkeiten grenzenlos sind, wenn er nur die kleinste Chance bekommt. Sie wissen, dass es nichts gibt auf der Welt, was wir nicht meistern könnten. Vierhundert Jahre lang haben wir gebettelt, gefleht, ja unser Leben dafür geopfert, um gerecht behandelt zu werden. Mord, Vergewaltigung, Attentate und andere Verbrechen waren uns fremd, bis das Bleichgesicht uns diese Dinge in ihrer reinsten Form beigebracht hat. Die Geschichte bezeugt, dass wir wieder und wieder nach einer friedlichen Lösung gesucht haben, um unsere Rechte und Interessen durchzusetzen, und wie wir ein ums andere Mal betrogen, getäuscht und hintergangen wurden. Überrascht es da, dass wir kämpften? Würde eine Ratte, in die Ecke gedrängt, kampflos sterben?

Das System der Indianerbehörde ist falsch. Ihre Befugnisse sind dergestalt, dass sie zwangsläufig unterdrückt. Sie ist unmenschlich und kann nicht gerecht sein. Wenn die gute Regierung als unser Vormund nicht vermochte, uns den rechtmäßigen Platz in der Welt zu verschaffen, dann denkt daran, dass der Fehler bei ihr liegt und nicht bei den Indianern. Deshalb obliegt es jedem Mitglied dieser Gesellschaft und allen Indianern im ganzen Land, die Regierung zur Einsicht ihrer Ungerechtigkeit zu zwingen.

Wir, die gebildeten Indianer, müssen aufwachen und uns zu Wort melden.

Wie oft habe ich zum Himmel emporgeschaut und gesagt: »Oh Herr, wie lange noch, wie lange noch!«, wenn es so aussah, als gäbe es keinen Hoffnungsschimmer für mein Volk und als habe selbst Gott uns im Stich gelassen. Aber so ist es nicht, meine Brüder und Schwestern. Gott ist nahe und wird uns helfen. Das Licht, das aus dem Herzen des Indianers scheint, ist noch nicht erloschen. Wir haben immer noch Männer und Frauen unter uns mit dem Geist von Red Jacket, Logan und Pocahontas, und ein besserer Tag bricht an.

Hört nicht auf, dafür zu beten, dass er uns doch noch eine Regierung schenkt, die das Ende des Gefangenendaseins in den Reservaten beschließt und umsetzt und unserem Volk dieselben vielfältigen Möglichkeiten in der amerikanischen Kultur eröffnet wie allen anderen Rassen. Dann werden wir frei sein, unserer eigenen Erlösung näherzukommen.

QUELLENVERZEICHNIS

HÄUPTLING POWHATAN

D. i. Wahunsonacock, Häuptling der Powhatan, Rede gehalten um 1609. Quelle: Samuel G. Drake: *Biography and History of the Indians of North America, from Its First Discovery*. Boston: Benjamin B. Mussey & Co. 1851 (11. Aufl.), p. 353.

HÄUPTLING RED JACKET

D. i. Sagoyewatha, Häuptling der Seneca, erste Rede gehalten im Sommer 1805. Quelle: Norman B. Wood: *Lives of Famous Indian Chiefs*. Aurora, Illinois: American Indian Historical Publishing Co. 1906, p. 254–256. Zweite Rede gehalten im Mai 1811. Quelle: Ebd., p. 312–314.

HÄUPTLING TECUMSEH

Häuptling der Shawnee, Rede gehalten im September 1811. Quelle: H. B. Cushman: *History of the Choctaw, Chickasaw and Natchez Indians.* Greenville, TX: Headlight Printing House 1899. [Reprint Edition. Ed. by Angie Debo. University of Oklahoma Press 1999, p. 248–252.]

HÄUPTLING PUSHMATAHA

Häuptling der Choctaw, Rede gehalten im September 1811. Quelle: H. B. Cushman: *History of the Choctaw, Chickasaw and Natchez Indians.* Greenville, TX: Headlight Printing House 1899. [Reprint Edition. Ed. by Angie Debo. University of Oklahoma Press 1999, p. 253–257.]

HÄUPTLING BLACK HAWK

D. i. Makataimeshiekiakiak, Häuptling der Sauk, Rede gehalten am 27. August 1832. Quelle: Perry A. Armstrong: *The Sauks and the Black Hawk War.* Springfield, Ill.: H. W. Rokker 1887, p. 535–536.

HÄUPTLING OSCEOLA

Häuptling der Seminolen, Rede gehalten am 23. Oktober 1834. Quelle: Woodburne Potter: *The War in Florida: Being an Exposition of Its Causes.* Baltimore: Lewis and Coleman 1836, p. 53–54.

HÄUPTLING SEATTLE (SEATH'TL)

Häuptling der Duwamish, Rede gehalten im Januar 1854. Quelle: Frederic James Grant: *History of Seattle, Washington.* New York: American Publishing 1891, p. 434–436.

HÄUPTLING RED CLOUD

Häuptling der Oglala-Sioux, Rede gehalten am 16. Juni 1870. Quelle: *New York Times.* 17. June 1870, p. 1.

HÄUPTLING SITTING BULL

D. i. Tatanka Yotanka, Häuptling der Hunkpapa-Sioux, Rede gehalten 1875. Quelle: Charles A. Eastman (Ohiyesa): *Indian Heroes and Great Chieftains.* Boston: Little, Brown 1918, p. 119–121. [Reprint Edition. Mineola, New York: Dover Publications 1997, p. 53.]

HÄUPTLING CRAZY HORSE

D. i. Tashunka Witco, Häuptling der Oglala-Sioux, Rede gehalten am 5. September 1877. Quelle: Homer W. Wheeler: *Buffalo Days.* Indianapolis: Bobbs-Merrill Co. 1905, p. 199–200.

HÄUPTLING JOSEPH

Häuptling der Nez Percé, Rede gehalten am 14. Januar 1879. Quelle: Young Joseph: »An Indian's Views of Indian Affairs«. *North American Review.* April 1879, p. 415–433.

HÄUPTLING WHITE EAGLE

Häuptling der Ponca, Rede gehalten im Januar 1881. Quelle: 46th Congress, 3rd Session, Senate Executive Document 30. #1941. »Message from the President of the United States«, p. 14–16.

HÄUPTLING SITTING BULL

D. i. Tatanka Yotanka, Häuptling der Hunkpapa-Sioux, Rede gehalten 1882. Quelle: James Creelman: *On the Great Highway: The Wanderings and Adventures of a Special Correspondent.* Boston: Lothrop Publishing Co. 1901, p. 299–302.

CELSA APAPAS

Sprecherin ihres Häuptlings Cecilio Blacktooth, Cupeño, Rede gehalten 1901. Quelle: Zepherin Englehardt: *San Luis Rey Mission.* San Francisco: James Barry 1921, p. 191–192.

CARLOS MONTEZUMA

D. i. Wassaja, Apache, Rede gehalten am 5. Oktober 1912. Quelle: *The Quarterley Journal of the Society of American Indians.* January–April 1913, p. 50–55.